「大きな会社」ではなく「強い会社」を作る

中小企業のための
戦略策定ノート

公認会計士
久野康成

TCG出版

はじめに

　私は、元々、青山監査法人で株式公開のコンサルを行っていました。

　しかし、顧客の9割は、事業計画を達成することができず、株式公開を成功することなく、途中であきらめていました。

　こうなると、監査法人も契約を切られてしまいます。

　お互いが Lose・Lose になったのです。

　私としては、監査法人としても顧客の経営改善をサポートするサービスからすべきと上司に提案しましたが、「そこまでできない」と言われ、独立を決意しました。

　1998年、32歳の時、渋谷区代々木に9坪半の事務所を借りて、経営のサポートを目的として、久野康成公認会計士事務所をスタートしました。

　しかし、実際に営業を開始し、社長から言われたことは、

　「たかが数人の会計事務所をやっている人間に、経営が本当に分かるのか？」

　「お前の言っていることは、ただの机上の空論だろう！」

　確かに、社長にそのように言われるのは、もっともな話だと思い、事業を始めて3年で自分が経営コンサルをするのをやめました。

　コンサルタントではなく、経営者になる決意をしたのです。

　自分が起業家として、会社を成長させられないのなら、人の会社の指導などできる訳がないのです。

　自社の成長にフォーカスした結果、沢山の失敗も経験しました。

　・国内で福岡に支店展開したものの撤退

　・中国進出したものの800万円の損失とともに3カ月で撤退

　しかし、2007年インドの首都デリーに、日本の独立系会計事務所として初進出を果たし、それを皮切りに国際展開ができるようになりました。

　現在では、国内4拠点、世界27カ国で約400名の社員とともに働いています。

　これは、私に会計士としての能力があったからではなく、「経営とは何か」を研究し続けた結果です。

　自分が起業家として、会社経営する中で分かったのは、会社が成長する過程で起きる経営問題は、業種を問わず、全て同じということです。

経営環境は常に変わり、中小企業であってもイノベーションが求められる時代です。
社長がどんなに優秀であっても、社長一人ではイノベーションを起こせません。
イノベーションは、アイディアだけではなく、社員の実践が伴うからです。

私が目指した経営は、
「大きな会社」にするのではなく、「強い会社」にすることです。

「強い会社」とは、財務体質が健全で、倒産しにくい会社です。
会社を潰して社員を路頭に迷わせることが、最も経営者としてやってはいけないことです。

「強い会社」にするためには、利益の確保が重要で、高付加価値型の「儲かる会社」を企画する必要があります。「大きな会社」になるかは結果に過ぎません。

最初に「大きな会社」を目指すと、利益より売上重視となり、低収益型企業になる可能性があります。

「財務」は、未来の経営企画と現在の経営判断にも関連します。
「経理」は、過去処理であり、社員でも税理士でもできます。

「財務」は、社長の仕事であり、「経理」は、社員の仕事です。
この２つを混同し、全て他人に任せてしまえば、「強い会社」はできません。

財務は、経営そのものであり、社長が数字に強くならなければいけない理由はここにあります。

この本が、「強い会社」にするための一助になれば幸いです。

東京コンサルティンググループ　代表
公認会計士　税理士　久野康成

 著者本人による動画解説
始めにご視聴ください。

目　次

はじめに 2

第1部　　中小企業の財務戦略
　　　　　「大きい会社」ではなく「強い会社」を目指せ！

1. 「強い会社」、「大きい会社」、「儲かる会社」どれを目指すべきか？ 8
2. 「強い会社」を目指さなければ、会社は倒産する！ 9
3. 無借金経営モデルを作る 12
4. 借入限度額が「成長の限界」を決める 14
5. 売上がゼロになったら、何カ月、会社は存続できるか？ 15
6. 無借金経営にこだわり過ぎるのは、逆にリスクが高くなる!? 17
7. 「財務」は、社長の仕事　「貸借対照表」は、社長の成績表 19
8. 節税でお金はどんどん貯まる!? 21
9. 良い節税と悪い節税 24
10. 「投資」が利益を生む。固定費削減だけでは投資ができない 25
11. 利益が「強い会社」をつくる源泉 27
12. 「大きい会社」を目指すと「儲かる会社」にならない！ 29
13. 売上＝単価×数量　　単価が利益率を決める！ 31
14. 3つの値決めの方法がポイント！ 33
15. 投資とキャッシュフローの意味を理解せよ！ 35
16. お金の流れ（キャッシュフロー）でビジネスを理解する 37
17. 「儲かる会社」にするには「粗利予算」で管理せよ！ 41
18. 「強い会社」にするための“仕組みづくり” 44

第2部　　戦略策定ノート
【PART ①】課題発見　　　　・プロフィール記入シート 50
　　　　　　　　　　　　　　・言葉の定義付け 52
　　　　　　　　　　　　　　・企業のライフサイクル 54
　　　　　　　　　　　　　　・ミドルマネジメントの役割 56
　　　　　　　　　　　　　　・緊急性と重要性 58
　　　　　　　　　　　　　　・価値循環サイクル 60
　　　　　　　　　　　　　　・会議のゴール 62
　　　　　　　　　　　　　　・これまでの貢献 64
　　　　　　　　　　　　　　・自社の問題 66
　　　　　　　　　　　　　　・自社の問題への解決策 68
　　　　　　　　　　　　　　・自社の真の問題　トヨタ式5W1H　5つのWhy 70
　　　　　　　　　　　　　　・自社の真の問題への解決策 72

・自己開示の重要性　ジョハリの窓 74

・あなた自身の真の問題への解決策 76

【PART ②】 理念・ビジョン　・経営理念とビジョン 80

・あなたの会社の経営理念 86

・責任・関心・影響の輪 88

・人間の器 90

・あなたが作る経営理念 92

・あなたの会社のビジョン 94

・あなたが作るビジョン 96

・あなたの野心　組織目標と個人目標 98

・競合他社 100

・自分の子供を入社させたいか？ 102

・10年・3年・1年後の姿 104

【PART ③】 中期計画・戦略策定　・中期計画 108

・戦略策定 110

・3C分析 112

・顧客分析　顧客の真のニーズ 114

・競争力（品質と価格） 116

・競合分析 118

・SWOT分析 120

・クロスSWOT分析 122

・PPM（プロダクト・ポートフォリオ・マネジメント）分析 124

・アンゾフの成長マトリックス 126

・戦略の必要条件・十分条件 128

・戦略策定 130

【PART ④】 利益計画・予算策定　・予算は利益率から作る 134

・黄金比率 136

・久野式8マス計画書 138

【PART ⑤】 アクションプラン　・KGIとKPIで短期で成果を出す方法 142

・戦略とKGIとKPIの関係について 144

・KGIとKPIの設定 146

・確信 148

【PART ⑥】 進捗会議　・戦略会議と進捗会議 152

・進捗会議 154

・KPIの進捗発表 156

・発表者へのフィードバック 158

第3部 「強い組織」にする久野式評価制度

1. 評価制度が組織を破壊する 162
2. 評価制度の導入で賃金のコントロールができなくなる 164
3. 評価制度の導入で協力関係が失われる 166
4. 久野式評価制度と利益を生み出す PDCA サイクル 170
5. ボトムアップによるマネジメントシステム 172
6. 久野式評価制度を通じて、「成長と成果」を出す教育システムにする 175
7. 昇進・昇給・賞与の基準はどうすべきか? 177
8. コミュニケーション・ツールとしての久野式評価制度 182
9. 財務と結びつける総額賃金管理 184
10. アメーバ的「ドリームチーム」を作る 188
11. 豊臣秀吉の「五人組制度」を活用する 189

付録 久野式評価制度の設計と運用 191

エピローグ 206

Column

1. 朝礼による社員教育 26
2. 過去良かった会社・現在良い会社・未来の良い会社 34
3. 中小企業の離職率の問題 106
4. 創業者と2代目以降の経営者　－起業家と企業家－ 132
5. 人から仕組みへの事業承継 150
6. 自ら責任範囲を広げる　－幹部の真の役割－ 160

第1部

中小企業の財務戦略

「大きい会社」ではなく「強い会社」を目指せ！

「強い会社」、「大きい会社」、「儲かる会社」どれを目指すべきか？

「良い会社」にしたいというのは、全ての社長が思うことですが、「良い会社」とは、どんな会社でしょうか？

「良い会社」を作るためには、具体的に何をすれば良いのでしょうか？

社長の大切な役割として、会社の理念を設定し、ビジョンを掲げ、会社が向かう方向を社員へ示していくという事があります。

どのような会社を作りたいのか？

目指すべき選択肢は、3つです。

①「強い会社」
②「大きい会社」
③「儲かる会社」

この3つの中から、会社をどのように成長させていくか、その方向性を決定する必要があります。

私は、まず、この中から「強い会社」になることを目標設定して経営してきました。

私が定義する「強い会社」とは、「簡単に潰れない会社」を意味しています。

簡単に潰れてしまう会社は、「弱い会社」になります。

社員を雇っている以上、経営者の社員に対する責任は、会社を絶対に潰さないこと、路頭に迷わせないことと考えました。

たとえ、「大きい会社」であっても、財務状態が脆弱であれば、潰れるリスクは高いと言えます。

船で例えると、大きな船はコントロールが難しく、小回りが利きません。

会社が大きくなれば、経営のかじ取りは難しくなり、経営者としての能力が試されます。

「強い会社」になる前に「大きい会社」を目指すことは、危険です。

2 「強い会社」を目指さなければ、会社は倒産する！

会社は、利益が出ていても、お金が尽きたときに潰れます。

利益は、キャッシュと必ずしもリンクしません。

会計上利益が出ていても、不良在庫が山積みになる、重要な顧客が倒産して売掛金が回収できなくなる等、資金繰りに窮して「黒字倒産」することもあります。

私は1998年7月に監査法人から独立し、個人事務所である久野康成公認会計士事務所を設立しました。社員ゼロ、私1人のスタートでした。

独立後、経営コンサルティング業務を始めたものの、自分自身が本当の経営者ではないことに限界を感じ、コンサルタントから経営者になることを考えていました。

しかし、どこかに良いアイディアがあるわけではありません。

ある日、IT会社の社長との出会いがありました。

その会社は、ITバブル崩壊直後の時期であったにも関わらず、毎年、倍々に売上を伸ばしていました。

その社長に、「なぜ、そんなに急成長しているのか？」とたずねると、

「普通のIT企業は、経験者しか雇わない。我々は、地頭が良く、会社の経営理念を理解できる未経験者を雇っている」と言われました。

この言葉に私は衝撃を受けました。

『我々、会計業界も常に経験者を求めている。』

当時、就職氷河期ということもあり、募集を出せば、大量の応募者があったにも関わらず、雇える人はほんのわずかでした。

経験が乏しいという理由で、不採用にすることがほとんどでした。

しかし、税理士等の資格を取るため、会社を辞めて会計業界を目指しても、当時、ほとんどの会計事務所は、経験者にこだわって採用していました。

会計事務所は、大半が零細企業なので、研修する余裕などなく、即戦力を求めていたのです。

しかし、門戸を狭めれば、『私自身がこの業界の発展を阻害している』と思いました。

そこで、IT会社が行っているビジネスモデルをそのまま真似て、会計業界で同じことを行おうと決意しました。

まさに、「異業種参入」をすることを決めたのです。

異業種参入とはいえ、本業である会計業務から外れることはしませんでした。

IT 会社が行っていたビジネスモデルは、顧客先に自社の社員を派遣するというものでした。

私は、当社の正社員を顧客先に派遣して、経理業務を行うというビジネスモデルを考えました。

また、IT 会社の社長に次のことを言われました。

「登録型派遣をするな！　社員は全員、正社員として雇え！　でなければ、未経験者に顧客主義の経営理念を浸透させることはできず、未経験者を派遣で出すことはできない。」

私は、この教えを忠実に守ることにしました。

登録型にすれば、会社にとっては、仕事がない時に給与を払わなくてよく、会社に都合が良いものです。

しかし、社員の立場からすれば、登録型は不安定であり、社員は派遣社員になりたいのではなく、あくまで会計業界で正社員として働きたいのです。

社員のことを考えれば、たとえ顧客との契約が派遣であっても、自社には正社員で雇い入れるべきと考えました。

一般的な会計事務所は、顧客の経理業務を請負契約で、事務所内で記帳代行します。この場合、業務内容やボリュームに応じて売価が決定します。

つまり、売価が固定されるため、作業する人は経験者の方が効率的です。

しかし、これを派遣業務として顧客先で作業することにすれば、派遣する社員のスキルに応じて売価が決定します。売価はスキルに応じて変動するため、経験者にこだわる必要はないのです。

この考え方は、当時としては革命的でした。

しかし、このコンセプトを考えたと同時に大きなリスクにも気がつきました。

当時、当社の顧客に製造業者を主な顧客とする派遣会社がありました。

その会社は、常に資金繰りに窮していました。

多くの会社が社員に対する給与は月末に支払い、顧客からの売上代金の回収は、翌月以降になります。

回収サイトより支払サイトが短い「サイト負け」をしていました。

また、派遣事業は、一般的には約 25％程度と粗利率が低く、事業拡大すれば構造的に「運転資金」が必要となり、借入が増加して、財務状況が悪化する現象が起きていました。

「ビジネスモデル」は、儲かるか否かという損益計算書だけを見てはいけません。

儲かるか否かだけを考えていては、「強い会社」はできないのです。

「強い会社」は、貸借対照表で決まります。

利益が出てもキャッシュフローが悪ければ、借入が増加し、貸借対照表が毀損するのです。

私は、このビジネスを始めるときに「絶対に借入はしない」と誓いました。

無借金にこだわれば、「倒産リスク」はかなり下がります。

そのためには収益率を高められるビジネスモデルにすべきと考えました。

「強い会社」にするためには、「儲かる会社」を企画する必要があるのです。

一般的な経営者は、ビジネスモデルを損益計算書だけで考えます。

私は会計士ということもあり、損益計算書でビジネスモデルを考えたとき、キャッシュフローと貸借対照表が同時にイメージできるという特技がありました。

この3つをセットで考えなければ、利益は出ていてもなぜか、お金が貯まらない会社になるのです。

では、私はどのようにして高収益モデルを確立したのでしょうか？

第一に、粗利率を50％になるように価格設定と給与設計を考えました。

派遣業での利益率は低いという常識を覆す価格設定をしたのです。

まさに、「値決めは経営」なのです。

これで、先に給与を払っても、翌月末に資金回収できれば、利益率が50％のため、運転資金が利益によってカバーできます。

基本給与は固定にしながらも、売上の50％を社員の給与に分配するという給与変動モデルを考えました。この利益率であれば、計算上「サイト負け」をしていてもキャッシュフローには問題は起きません。

派遣事業は、我々の強みである会計業務のみに絞り込み、営業担当者（税理士等）が無料の会計コンサルティング、アドバイスを行うことで差別化し、付加価値に見合う売価に設定しました。

単なる派遣業の営業担当者ではなく、税理士が営業すれば、無料で会計コンサルを顧客に提供できるという訳です。

第二が、給与の締め日の変更です。

派遣事業を始めた頃、社員の給与支払日は、毎月20日締め、25日払いでした。

顧客からの回収は翌月末が一般的で、1カ月〜2カ月程度のサイト負けがありました。

私は、社員にお願いして、給与の締日を月末締め、翌月10日払いにしてもらいました。これで、1カ月分のサイト負けが解消され、資金繰りが一気に改善しました。

結果として、新規ビジネスである派遣事業を始めてから 4 年で、無借金のまま一気に社員数が 6 名から 400 名超、売上高は年商 6 千万円から 18 億円まで成長しました。

　この成功により、2006 年から行った国際事業展開するための資金を貯めることができました。

　しかし、2008 年、リーマンショックで売上の 3 分の 1 は、一気に吹っ飛びました。

　ただし、高収益体質にしておいたおかげで、一度も損失を出すことなく、その後、国際事業に資源を集中していきました。

　企業環境の変化に対応するためには、「強い会社」であることは必須条件です。

新しいビジネスモデルを考えたときは、「損益計算書」だけでなく、「貸借対照表」の状態がどうなるかが重要です。

損益計算書は、キャッシュのフロー概念であることに対し、貸借対照表は、ストック概念とも言えます。

貸借対照表は、重要な経営資源であるヒト・モノ・カネの内、モノとカネの状態を表します。人的資本であるヒトは、損益計算書で「費用」として表されます。

ここで、ヒトを費用として扱うか、資本として扱うかは、経営者次第です。

借入をしなければいけないビジネスモデルでは、借入限度額が成長の制約条件になります。もし、無借金ビジネスモデルを構築できれば、資金の面では、成長に限界がなくなります。

経営者は、銀行との借入や金利の交渉に時間を取られることもありません。

銀行という利害関係者を持たなければ、経営者は、顧客と社員だけに集中して経営ができます。倒産するリスクもかなり少なくなり、精神的にも楽になります。

「強い会社」にするためには、「儲かる会社」を企画する必要があります。

「儲かる会社」を企画できれば、結果として「無借金経営」ができて、借入限度額が成長の制約条件から外れます。

「強い会社」→「儲かる会社」→「成長する会社」→「大きい会社」へと変遷していくことが理想と言えます。

会社は、「損益計算書」では潰れません。お金が尽きたときに会社は倒産します。

つまり、会社は「貸借対照表」で潰れるのです。

貸借対照表を重視する経営が、「強い会社」につながるのです。

5　売上がゼロになったら、何カ月、会社は存続できるか？

かつて、牛丼の吉野家が狂牛病で牛肉を仕入れられずに経営難に陥りました。

その際に、当時の社長が言ったのは、

「当社は、2年間売上がゼロになったとしても、社員を一切、解雇することなく持ちこたえられる。」

「2年間」という数字は、どのように計算したのか？

もし、自社が売上ゼロになった場合に、何カ月、会社が持つのかを考えました。

当社も2年ほど、リストラを一切せずに会社が存続できることが分かりました。

私がその時に使用した計算式は以下の通りです。

現預金残高　÷　月間固定費

会社の費用は、変動費と固定費に分かれます。

売上がゼロになったとき、仕入や外注費などの変動費は、ゼロとなります。

しかし、人件費、家賃などの固定費は、発生し続けます。

毎月の固定費を払い続け、手持ち資金が尽きたとき、会社は存続できなくなります。もちろん、資産を売却して延命を図ることは可能ですが、それでは元のビジネスができなくなるので、考慮しません。

吉野家の場合、この計算式に基づく答えが24カ月ということです。

「強い会社」であるかを判断する場合、この計算式を用いて自社の売上がゼロになっても何カ月、存続できるかを知ることは重要です。

例えば、現金預金の残高が2億円あり、毎月の固定費が2,000万円なら、売上がゼロになっても10カ月間は持ちこたえられることになります。

貸借対照表で見ると、左上に現預金、右上に借入金、右下に資本金があります。
「強い会社」にするためには、左上の現預金の額を大きくすることが必要になります。

図表 1-1 「強い会社」と「弱い会社」の貸借対照表の違い

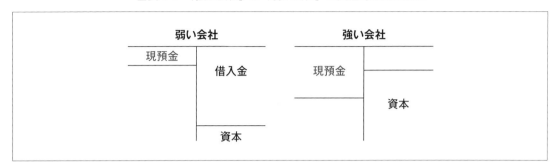

会社が潰れるのは、会社にお金が無くなったときです。
つまり、「強い会社」にするためには、会社が保有する現預金の額が重要です。
現預金の額が多ければ多いほど、安心して、社員の給与も、仕入先への支払いもできます。

今、あなたの会社にはいくらの現預金がありますか？
また、いくらの現預金があれば、安心と言えますか？

会社の財務体質が良ければ、社員は安心を感じます。
綺麗な会社とは、オフィス環境等の見た目ではありません。
貸借対照表が綺麗であることです。

現預金をたくさん持ち、潰れにくい「強い会社」にして、社員の安心・安全を企画することが「社長の責任」でもあります。

【参考動画】【第 241 回】強い会社を作る意味｜久野康成の経営のエッセンス
https://www.youtube.com/watch?v=HUgdpH8VQ18

6 無借金経営にこだわり過ぎるのは、逆にリスクが高くなる!?

2008年に始まるリーマンショックで、当社も実際に奈落の底に転落する状態になりました。

ただし、景気後退期は必ず来ることは、歴史が教えてくれていました。

年間、数億円の赤字が出ることは当社の規模でもありうることです。

私は、派遣事業を始めるにあたり、誓ったことがあります。

景気後退に備えて徹底してキャシュリッチな会社にしておくこと。

具体的には、純キャッシュ10億円にすることが、この事業のリスクヘッジには必要と考えていました。

この考えは、私の臆病さ故のものです。

景気後退によって年間3億円の赤字が出ても耐えられる企業を作ること。

そして、それが3回連続で来ても耐えられること。

ここから10億円の純キャッシュを持つ目標設定をしました。

年間3億円の赤字は、当社のビジネスモデル・売上規模を基に考えた「最悪のシナリオ」から想定しました。

経営者に必要な能力は、子鹿の臆病さとライオンの大胆さを併せ持つことです。

臆病さのない経営者は、楽天家になり甘い経営計画で会社を潰します。

大胆さを持たない経営者は、チャンスをつかめず成功を逃すのです。

売上自体はリーマンショックの後、約2年間で35%減少しました。

しかし、純キャッシュ10億円を貯めるという目標は、実際にリーマンショック後の後退期に達成しました。

理由は、高収益ビジネスモデルを構築したおかげで、景気後退期でも結果として3億円の赤字ではなく、黒字が続いていたのです。

実際には、創業以来、一度も赤字に転落したことはありません。

では、実際に「強い会社」を作っていくためには、貸借対照表をどのように企画していくのが良いのでしょうか?

言い換えると、現預金をどのようにして増やしていけばよいのでしょうか。

たとえば、

現預金を1,000万円持っていて、完全無借金経営の会社をA社。

現預金を1億1,000万円持っているが、借入も1億円ある会社をB社。

この場合、A社とB社のどちらの会社が潰れにくいと言えるでしょうか?

答えは、現預金をより多く持っているＢ社です。

　無借金経営にこだわるあまり、現預金を少なくしてしまえば、倒産リスクが高まります。
　現預金が少ない無借金経営より、借金があっても現預金が多い企業の方が倒産リスクは少ないのです。

　無借金経営を目指しても、その過程で借金をすることが必要なことはあります。

　中小企業の資金調達は、銀行が中心になります。
　銀行は、「晴れの日に傘を貸し、雨の日に傘を取り上げる」と揶揄されます。

　業績の良いときに、融資の打診をします。
　「ビジネスチャンスを広げる新規投資はいかがですか。融資できます！」
　「良い物件が売りに出されています。自社ビルにすれば、毎月家賃を払う必要はなくなります。それを担保にしたらもっと借入れることができますよ！」

　業績が悪くなった途端に、貸し渋りどころか、返済をせまられます。

　しかし、会社の経営状況はいつ悪くなるか分かりません。
　現預金が十分に貯えられてないなら、借りられるうちに借りて現預金として蓄えておくことも必要です。

　とはいえ、借入れすれば利息が発生し、常に返済のプレッシャーを抱えることになります。ただし、無借金経営にこだわり過ぎれば、会社が大きくなる過程で、現預金が不足する事態を招きかねません。

　無借金経営にこだわりすぎると、逆に財務リスクが高まることもあります。

　会社経営において重要なことは、借入があるかどうかではなく、現預金を多く保有しているかです。
　このような「財務企画」は、社長の重要な仕事なのです。

7　「財務」は社長の仕事　「貸借対照表」は社長の成績表

会社のお金に関わることは、「財務」に係わる仕事となります。

会社は、財務と経理を分けて考える必要があります。

経理は、「過去」の処理です。
財務は、未来の企画と現在の経営判断に関連します。

何に投資するのか？　どんな車を買うのか？　社員の賞与はいくらにするのか？
全ての経営判断は、お金に関連します。経営と財務は密接に関連しているのです。

財務企画は、会社の未来を企画していくものであり、過去の処理を中心に仕事をする社員や税理士に任せることはできません。

未来企画は、社長の仕事なのです。

しかし、中小企業の中には、財務と経理を分けて考えず、社員や税理士に丸投げしていることがあります。
気づいた時には会社の貸借対照表が悪化しているのです。

あなたの会社は、創業以来、平均でいくらお金を貯めてきたのでしょうか？

図表 1-2　1 年間でいくら資本を増やしたのか？

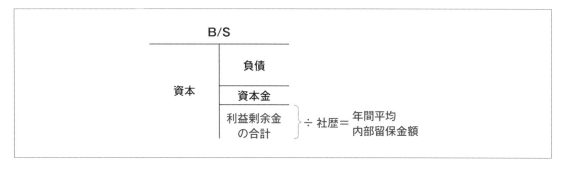

貸借対照表の資本の部にある利益剰余金の合計額を「社歴」で割ってください。
この金額が、創業以来、年間平均の内部留保金額、つまり、歴代経営者が 1 年間で貯めたお金です。

もちろん、この金額がそのまま、現預金として残っている訳ではありません。
お金は、投資に使うものです。ゴルフ会員権、別荘、高級外車など、お金を生み出さないも

のに投資された場合は、「資本効率」が悪くなります。

　過去から内部留保された金額が大きいほど、「強い会社」を作った社長ということになります。
　同時に何にお金を使ったのかも問われます。社員は、社長が何にお金を使っているのかを見ているものです。

　人間は、能力により稼ぎ、品格により使うのです。
　稼ぐことは学べても、使い方は簡単には学べません。

　内部留保を沢山するためには、利益が重要になります。
　利益は、究極的には、売上から生じます。
　どんなに社長が優秀であっても社長1人で全ての売上を作ることはできません。
　売上は、社長ではなく「社員」が作るものです。
　仮に、社長が大半の売上を作っているのなら、社員が育っていない証拠です。

　「強い会社」を作るためには、社員の育成も重要になります。

　損益計算書は、「社員の責任」であり、社員の成績表です。
　貸借対照表は、「社長の責任」であり、社長の成績表なのです。

8 　節税でお金はどんどん貯まる !?

会社を立ち上げる段階で陥る罠に「節税」があります。

会社の立ち上げ段階では、どんな会社にも十分な資金がありません。
初めて決算を行い、利益が出たときの喜びも束の間、税金の大きさに愕然とします。

サラリーマン時代は、毎月、所得税は源泉されており、年末調整も会社が行ってくれます。
実際に自分がいくら税金を払っているのか気にすることは少なく、税金額を変えることは、不可能に近いことです。

しかし、起業して経営者になると税金は、決算後に一度に支払わなければいけません。税金の大きさだけでなく、「経費」をいかに計上するかによって税金額が自分の意思で変えられることにも気づきます。

『節税をすれば、会社に多くのお金が残る！』
節税こそ、お金を貯める「打ち出の小槌」と思うのも当然かも知れません。

例えば、ビジネスマンであれば、家賃は、自分の給料から支払うのが普通です。
しかし、起業した時に、自宅を会社の所在地として登記すれば、家賃は、会社の賃料に変わり「経費」にすることができます。

家賃だけでなく自宅の水道光熱費も会社の「経費」。
コンビニでお菓子とジュースを買っても会社の「会議費」。
自分の車を買っても、社用車だから、「減価償却費」。

経費によって利益が圧縮でき、結果的に税金を減らすことができます。

今までビジネスマンでは考えられないことが起きるのです！
社長になったら「節税天国」といった感じかも知れません。

私は、公認会計士であり、独立当初は、税理士登録をしていませんでした。
監査法人時代は、監査や株式公開コンサルがメインの仕事であり、税務の仕事をしていませんでした。
独立すれば、顧客から税務コンサル、つまり、いかに節税するかのアドバイスを求められるのは当然と思い勉強を始めました。

税金に関する専門書だけ読んでいても面白くありません。
本屋で面白そうな「節税本」を見つけました。

その本には、次のように書いてありました！

「妻を社員にしなさい。そうすれば、妻に給料を払って経費になる！」

「妻が社員になれば家族旅行は、社員旅行になって経費になる！」

「愛人のお手当は、社長秘書ということにして支払いなさい！　それも経費になる！」

その本には、沢山の㊙節税方法が書いてありました！

私は早速、実践しました！

まずは、妻を社員にすることに成功！　これで生活費として渡していたお金を給与として支払うことになり、みごとに「経費」になりました＾＾

妻とハワイ旅行に行きました。これは家族旅行だけど、会社には社員は妻しかいないので、社員全員で社員旅行に行ったことになります。本にはこれも「経費」って書いてあったから経費に算入！

独立当初、ちょうどＮＴＴドコモが大型上場する時であり、証券会社の営業マンが株を売りに来ました。

これも勉強と思って１株買うことにしました。上場後、少し価格が上がったところですぐに売却して、たしか30万円くらいの儲けがでました。

ビギナーズ・ラックですが、これが不幸の始まりです。

『株はこんなに簡単に儲かるのか』

これを契機に色々な株を買ってみました。

当時、ネット証券の勃興期であり、簡単に株の売買ができるようになりました。

株の信用取引まで行い、結果として大きな損失も出しました。

しかし、株取引の損失も確定申告すれば、繰越欠損として認められ、翌年以降に株で利益が出たときに、過去の損失と相殺ができます。

そこで私は、信用取引の詳細な明細を作って、税務署に報告したのです。

この明細には、信用取引とは書きませんでした。

信用取引は、手持ちのお金の何倍もの取引ができるので、取引額が膨らみます。

これを見た税務署員が、『なぜ、起業したばかりの人間が沢山のお金を持っているのか』と不審に思い問い合わせが来ました。

私の事務所に税務調査にくるというのです。

株取引が信用取引だと説明すると、調査官は簡単に納得してくれました。

ただ、何もなく帰る訳にもいかないようで『会社の帳簿を見せて下さい。経費の月次推移表

を見せてほしい』と言われました。

　そして、旅費交通費が膨らんでいるところを直ぐに発見し、

　「これは何か？」と尋ねられたので、私は本に書いてあった通り、「社員旅行です！」と回答
しました。

　「そんな訳ないだろう！　これは家族旅行だから経費として認められない！」

　本では「経費」になるって書いてあったのですが、どうやら実際は無理でした。

　『本に書いてあった！』と反論したい気持ちはぐっと抑えて、直ぐに修正申告しました。

　株も通算 3,000 万円の損失を出して止めました。

　節税も安易に誤ったことをすれば、とんでもないことになると予感しました。

　これは、大きな戒めだと思い改心したのです。

　お金を貯めるには、まじめに「本業」に打ち込むことが一番です。

　創業した頃の節税は、大きな効果を生みます。

　これが最初の成功体験となり、どんどん経費を増やして利益を圧縮し税金を抑えることが、お金が貯まると思いがちになります。

　売上高が数千万から1億円位までは、これも効果があります。

　しかし、売上高が1億円を超えてくると、「経費」を増やす方法で税金は下げられても、お金は貯まらなくなります。

　税金を下げること自体が目的化してしまい、無駄なものを購入するようになります。

　かつては、償却年数が短く減価償却が多くできるという理由でヘリコプターを買う企業がありました。

　高級外車を購入して、税金を圧縮するという発想も同じです。

　購入する資産は、未来の経営にとって利益を生むかを考える必要があります。

　本末転倒の発想に陥る企業は、お金を貯めるためではなく、税金を少なくすることが目的化してしまうのです。結局、誤った節税法に陥っている企業は、中小企業の領域から抜け出せません。

　節税は、正しい経理処理をすれば、結果としてできます。

　それ以上の節税をすることは、「脱税」であり、必ずしっぺ返しを食らいます。

　不要なものを買って経費を増やし、税金を減らすのは、結局、お金が会社から流出します。

　私が監査法人で株式公開コンサルをしていた時、有能な経営者は売上・利益の成長に関心を持っていても、決して、「節税しろ」とは言いませんでした。

　これが真に成長する会社であり、成功する社長の思考法だと思いました。

　「儲かる会社」を目指して会社を立ち上げた社長は、自分が儲けたお金を税金で持っていかれる事が悔しいため、「税金を払いたくない」という発想が強くなります。

　しかし、無駄に経費を使えば、内部留保ができず、現預金も増えません。

　経費を使う節税は、売上規模が1億円を超えたら再考すべきです。

　「強い会社」にするためには、無駄な経費を使わず、利益を増やし、内部留保を増やすことが大切です。

強い会社、現預金を増やしていくためには、「財務企画」が重要です。

経営は、「投資」によって始まります。投資は、一般的には固定資産になります。

しかし、投資は、固定資産という「モノ」だけではありません。
人的資産である「ヒト」への投資も重要です。概念上、ヒトは資産と考えられても、会計上は損益計算書に人件費として計上されます。

現預金は「ヒト」と「モノ」に投資されるのです。
企業にとっては、ヒトとモノが「生産手段」であり、ビジネスの根源です。

図表 1-3　カネはヒトとモノに投資される

モノへの投資を怠ると、個人に十分な設備が与えられません。
生産設備等の不足は、人にしわ寄せがいき、残業時間の増加として現れます。
モノへの投資を怠った企業が、"ブラック企業" となり社員の退職が相次ぐのです。
ヒトとモノの投資バランスは重要です。

モノへの投資は、投資額と将来得られる利益（投資収益率）や何年で投資が回収されるか（回収期間）などの判断基準で意思決定されます。

コストダウンや固定費削減ばかり考える企業は、モノへの投資を怠るようになります。
このような企業は、試験研究費や開発費の予算を多く割り当てられません。
やがて競合との間の製品力の格差が生まれ、競争に負けるようになります。

固定費は、経費だけではなく、未来を作るための「未来費用」も含みます。

ヒトへの投資は "数" と "質" に分かれます。
数とは、「採用」による投資です。質とは、「人材教育」による投資です。
投資を怠る企業は、教育にも熱心ではありません。
中小企業は、最初から有能な社員を雇えません。

差がつくのは「教育」なのです。教育投資は怠ってはいけません。

朝礼による社員教育

私は、会社を創立して、３年目の時に「朝礼による研修会」を始めました。
今は、TED（TCG　Educational Development）と呼んでいる任意の研修会で、就業開始前、毎朝８時から９時まで実施しています。

始めたきっかけは、当時の顧客であった不動産会社の朝礼からヒントを得たことです。
ビジネスで成功するためには、業務に使う知識や技術だけでは十分ではない、コミュニケーション能力の向上が必須と分かりました。

それまでの私は、自分の業界の技術・知識・経験が重要であり、これが十分備わっていれば、成功できると考えていました。

しかし、これらは、誰かが作り出した仕事をこなす（作業）ために必要なものであり、仕事を生み出す（営業）ためには十分ではないことに気づきました。
私のような創業者は、どんなに仕事ができても、仕事が無ければ、自分の技（知識・技術・経験）など役に立たないのです。

このコンセプトを社員と共有するため、「久野式人財マトリックス表」（180ページ参照）を考え、社員教育の方向性を示しました。
「技」ではなく「心」の教育の重要性を説きました。
会計事務所に入社する多くの社員は、「技」の習得を目的にします。

しかし、新しい何か（イノベーション）を業界で巻き起こすには、会社を一枚岩にする必要があります。
そのためには、❶リーダーシップ、❷マネジメントスキル、❸コミュニケーションスキルの習得が必須と言えます。

当社ではこれらを、朝礼で「３分間スピーチ」を行うことで習得しています。
何を話すかというテーマ選定も自分で選べます。
原則、経営者に向けた経営改善を促す内容になっています。

何を話すかを決めることが「リーダーシップ」、
話す中身を考えることが「マネジメントスキル」、
どのように表現するかが「コミュニケーションスキル」の向上につながります。

これを理解できない社員は、「エース」ではなく、単なる「職人」になる傾向があります。職人化した人間こそが組織で「腐ったリンゴ」となり、弊害をもたらします。

経営者の重要な意思決定は、職人ではなく、全社員をエースとして育てること、育成することを諦めないことです。

11 　利益が「強い会社」をつくる源泉

　貸借対照表のほか、決算書には、会社の儲けを示す「損益計算書」があります。

　損益計算書は、簡単に言えば、会社の儲けであり利益を計算する表です。

　売上高 － 費用 ＝ 利益

　費用は、①売上原価、②販売費・管理費、③金融費用に分けられます。

　売上高 － ① ＝ 粗利（売上総利益）
　この利益率が高ければ、付加価値が大きく製品力が高いことを意味します。

　売上高 － ① － ② ＝ 営業利益
　この利益率は、本業の力を示すものです。

　売上高 － ① － ② － ③ ＝ 経常利益
　この利益率は、本業だけでなく、財務体質の能力も示します。

　経常利益＞営業利益となっている企業は、財務体質が良く「強い会社」です。
　「強い会社」かは、貸借対照表を見なくても、損益計算書だけでも分かります。

　「儲かる会社」を作るためには、戦略的に粗利率を高めていく経営をすることです。
　これが結果として、企業の総合力を表す「経常利益」を高めてくれます。

　売上高の大きさは、「大きい会社」を表します。
　売上高が企業の規模の大小を決める尺度です。
　会社が小さい間は、小さいことで辛い思いをすることが多くあります。
　私も早く、会社を成長させて経営を安定させたい、大きくすれば良い社員が集まり利益もあがると思っていました。
　しかし、規模だけ追いかけると「儲からない会社」になるリスクがあります。

　「儲かる会社」は利益で判断することになります。
　経営者は、「強い会社」を目指し、「大きい会社」にする前に、「儲かる会社」を企画することが重要です。
　この企画を担うのは社長しかいません。
　社長が自社を存続させるため、社員を守るために「強い会社」にする必要があります。

「強い会社」にするために現預金を増やすには、何をすればよいでしょうか。

社長としては、良い社員を採用し、維持するためには、給与を上げていきたいはずです。
しかし、これを際限なく上げてしまうと、会社に現預金が残らなくなります。
そして、現預金のない会社は潰れてしまいます。

労働組合は、「まず社員の給与を上げろ」と言うかもしれません。
しかし、給与を上げれば、必然的に利益は下がります。
この利益こそが、現預金を残す源泉です。

労働生産性が改善することなく給与が増加し続けてしまうと、会社は時間と共に脆弱になり、
倒産リスクが高まります。

もし、社員が長期的な観点で働いている場合は、内部留保を充実させて「強い会社」にする
ことに同意してくれるはずです。
経営者は、決算書を開示し、内部留保の正当性を示すことも大切です。
社員の会社に対する愛着心、忠誠心は、「経営理念」の浸透度と関係します。

経営理念の浸透度が弱い会社は、社員は短期志向になり、会社のことより、自分の昇給・賞
与を中心に考えます。会社が倒産しても転職すれば良いと考えるからです。

「強い会社」にするためには、経営理念を浸透させ、会社と社員との利益衝突を必要がある
のです。

12 「大きい会社」を目指すと「儲かる会社」にならない！

「強い会社」を作った後には、「大きい会社」ではなく、「儲かる会社」を目指すべきです。

「大きい会社」を目指すと、利益より売上が重視され、「儲からない会社」になる可能性があります。

「儲かる会社」とは、競合他社とは異なる差別化された要因を持っています。

つまり、社会に付加価値が提供できる会社なのです。

マーケットさえ存在していれば、「儲かる会社」は、自然に大きくなります。

あえて、「大きな会社」を目指さなくても、結果として大きくなるのです。

もし「儲からない会社」が「大きい会社」を目指したらどうなるでしょうか？

「大きい会社」を目指し出すと会社規模である"売上高"を追求します。

どうしても製品・商品・サービスの安売りをしたくなるのです。

儲からないから、大きくなっても現預金が増えず借金が増え、財務体質は悪化し、「弱い会社」になり、やがて会社は潰れます。

「強い会社」を目指し、そのためには「儲かる会社」を作ること。

「儲かる会社」とは、高付加価値型のビジネスモデルで、競合他社との間に差別化ができていることが条件です。

「強い会社」→「儲かる会社」→「大きい会社」

この順序は、鉄則であり決して間違えてはいけません。

会計事務所を経営する私が潜在的に抱えている問題は、会計・税務業務がコモディティ化され、値崩れとコンピュータリゼーション（AI）により構造的に仕事がなくなることです。

会計事務所の今までの仕事は「過去会計」、つまり過去処理でした。

それが今、技術革新により大きな転換が求められています。

今後は、「未来会計」を中心とする経営の意思決定にかかわる業務に転換していく必要があります。

私が2006年ニューヨークに米国の会計事務所を視察したとき、既に米国の一般の公認会計士の仕事がなくなっていることに強い危機感をおぼえました。

『今までと同じ仕事をしていては、確実に会社は潰れる！』

強烈な危機感を抱き、会社名も「久野康成公認会計士事務所」から「東京コンサルティングファーム」に変えました。

　さらに、同年、国際事業を開始しました。現在、国際事業は、グループ全体で6割の売上高を上げられるようになりました。利益に関しては、8割以上が国際事業からです。

　2019年からは、創業理念に立ち返り、自分が行いたかった顧客への経営コンサルティング業務を再開しました。

　1998年にコンサルタントとして独立しましたが、長い間、経営コンサルタントになるための修業として「経営」を行ってきました。やっと、「原点」に戻ることができたと感じています。

　「大きい会社」を最初に目指した会社は、売上の増加を目指すため、利益を重視しない傾向があります。

　忙しくても儲からないという「貧乏暇なし」の状態になるのです。

13 売上＝単価×数量　　単価が利益率を決める！

「儲かる会社」と「大きい会社」の違いは、売上重視か利益重視かで決まります。

売上高の構成は「単価×数量」になります。

会社の「大きさ」は"数量"が決めます。
「儲け」は"単価"が決めるのです。
「儲かる会社」を作るためには、まず、数量より単価の決定、つまり「値決め」が重要になります。

図表 1-4　単価が粗利に与える影響

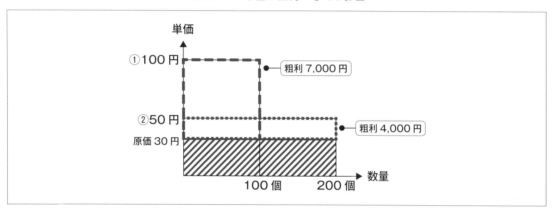

例えば、単価 100 円のものを 100 個売ると、10,000 円の売上高になります。
原価率が 30％だとすると、1 個当たり 30 円の原価、70 円の粗利益、これが 100 個で 7,000 円の利益になります。

同じ商品を単価 50 円で 200 個売ると、同じ 10,000 円の売上高になります。
この場合、会社の儲けはいくらになるでしょうか。
1 個当たりの原価は、30 円と変わりませんが、1 個当たり粗利益は 20 円になります。
これが 200 個売れたので、合計の粗利益は 4,000 円になります。

仮に、最初と同額の利益を確保するためには、350 個、つまり、3.5 倍も売る必要があるのです。
値下げがいかに利益を下げる要因になるかを理解することが大切です。

単価の決定は、単に売値を決めることではありません。値下げしなくても良い付加価値製品を作れるのかという発想につながります。

一般的には、何を作るかという「製品戦略」が先に決まり、次にいくらで売るのかという「価格戦略」を決めるという順になります。

財務企画のアプローチで「儲かる会社」を作るためには、いくらで売るかという「価格戦略」を先に決めて、次に、その価格に見合う製品、サービスは何かという「製品戦略」を決めるという手順になります。

　製品戦略から始める方が一般的ですが、この場合、価格の決定方法がコストプラス（コストマークアップ方式）で決められることが多く、結果として「儲かる会社」になりません。これは、製品を先に考える「プロダクト・アウト」という発想になります。

　財務企画から「価格戦略」を先に決める場合、それに見合う製品戦略に対して知恵を絞るようになります。これは、顧客のニーズを先に考える「マーケット・イン」の発想につながります、

　「売上＝単価×数量」の数量は、回転率を意味します。

　「単価」は、製品戦略とリンクするため、「社長・幹部の責任」となります。
　つまり、社長と幹部は、儲かる仕組みを作ることが責任です。

　「数量」を決めるのが、「社員の責任」です。
　社員の責任は、決められた戦略を徹底して「実行」することです。

　問題は、幹部が売りに行くときに起きます。
　つまり、幹部が単価責任ではなく、数量を伸ばそうとするときに起きます。
　幹部には、値引の権限、つまり、売価決定の権限が与えられています。
　部下が売りに行って勝手に値下げして売ることはできません。

　しかし、幹部が売りに行けば、売価決定の自由裁量は、かなりの部分まで任されているため、値下げして数量を取りに行く可能性があります。
　結果として、幹部が売りに行けば、利益率が下がるのです。

　幹部の責任は、利益企画であり、売るのは社員の責任と考えない会社、幹部がプレーイング・マネージャーと称し、実質プレーヤーになっている会社は、「儲かる会社」にならない可能性が高くなります。

14 　3つの値決めの方法がポイント！

「値決め」には、大きく3つの方法があります。

第一は、市場価格（マーケットプライス）に基づく決め方です。

市場には競合がおり、競合の価格に合わせて売価が決まる考え方です。

競合と同じものを販売していれば、市場価格で売価が決定してしまいます。

市場価格でしか売れないのは、差別化された商品を販売していないことが原因です。

もし、自社の商品が市場価格で決まると思うのなら、付加価値型の経営ができていない、商品がコモディティ化しているのが原因です。

付加価値型経営をしなければ、売価は「市場価格」に左右されます。

第二は、コストに利益をプラスして値決めを行うものです。

これをコストマークアップ方式と呼ばれます。

原価に利益をプラスして売価を決定する方法では、大きな利益を乗せることができません。原価に対して、良心的価格設定をしたくなるのが人間です。

しかし、この発想では、本当に「儲かる会社」は構築できません。

第三は、顧客が感じる価値に対して価格設定する方法です。

顧客がいくらまでなら払えるのかをベースに売価を設定する方法です。

例えば、美術品などオークション形式で売買される場合、買い手がこの金額までなら払ってもよいと思う金額で売価が決定されます。

差別化された商品で、競合がなく売り手側が有利な場合は、独占的価格で売価が決定できるのです。

「儲かる会社」を作るためには、徹底して製品を差別化し、自社の製品の特長を出すことが必要になります。

この方法を徹底して実施している会社が、高い営業利益率を誇るキーエンスです。

キーエンスはこの値決め方法により、粗利率が80％、営業利益率が50％超を達成しています。

このような値決めができる理由は、顧客の顕在的ニーズには対応せず、潜在的なニーズの掘り起こしに徹底しているからです。

例えば、顧客から、「このような製品は作れるか？」と聞かれた場合、多くの企業は「できます！」と回答し、見積もりを出します。

しかし、顧客が聞いているのは、当社だけではありません。

競合に対しても同じように聞いているのです。

そして相見積もりを取り、「他社はもっと安くできるといっている。もっと、値引きしてほしい」と言われるのです。

顧客が口に出したニーズに対応すれば、結局、競合との価格競争に巻き込まれます。

キーエンスは、顧客の顕在的ニーズに対応しないことを徹底しています。

顧客が真に解決したい問題にフォーカスし、潜在的ニーズを掘り起こし、他社より付加価値をつけて迅速に提案します。これが利益の源泉になっているのです。

高付加価値型の提案営業と製品開発がセットになって初めて「儲かる会社」が作れます。

自社の製品コストは、社内の情報なので分かりやすく、顧客の感じる付加価値は、社外の情報なので分かりにくいものです。

値決めをする時、分かりやすい自社のコストを基準に売価が決定されがちになります。

顧客の真のニーズを考え、それを売価に反映させる付加価値経営で、「儲かる会社」ができるのです。

Column 2

過去良かった会社・現在良い会社・未来の良い会社

良い会社には3つあります。
①過去が良かった会社
②現在、良い会社
③未来の良い会社です。

①過去が良かった会社は、過去に儲かっていた会社であり、良かった時に無駄遣いしていなければ、自己資本が充実し、キャッシュリッチな会社になっています。

「自己資本比率」が高い会社が「強い会社」であり、過去から資本蓄積ができた潰れにくい会社と言えます。

②現在、良い会社とは、儲かっている会社です。高い収益率は、競合他社と比較して差別化された戦略を持っている証拠です。

「経常利益率」の高い会社は、現在、良い会社と言えます。

③未来の良い会社とは、成長している会社です。
売上の成長なくして、社員の昇給を毎年することはできません。

会社が成長していなければ、「ビジョンが見えない」と思われ有能な社員が離れていきます。

「売上高成長率」の高い会社は、未来の良い会社と言えます。

社長の責任は、第一に会社を倒産させないこと、社員や家族を守ることです。
そのためには、自己資本を充実させることです。

自己資本は、利益が源泉となります。資本充実のためには、儲かる会社にしなければいけません。そして、利益で資本充実をさせるのです。

ここで安心した経営者は、ビジネスがやがて「成熟期」を迎えます。
良い状態は、決して長く続くものではありません。
未来を企画し、ビジョンを明確にして、安定成長を図ることです。

成長なくして未来はないのです。

投資とキャッシュフローの意味を理解せよ！

お金の流れを少し深く考察していきます。

貸借対照表と損益計算書との間を繋げるものが「キャッシュフロー計算書」になります。

会社のお金がどのように流れているのかを把握するのは、簡単ではありません。

ビジネスは、資金を「調達」し、「投資」することから始まります。

投資の目的は、「回収」することです。

図表 1-5　ビジネスの基本は投資と回収

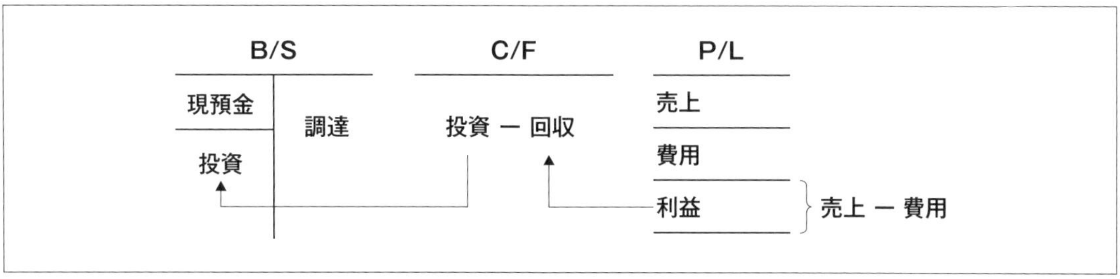

回収とは、投資した結果の儲け（利益）を意味します。

例えば、100 万円投資し、毎年のリターンが 10 万円、これが「利益」です。

この場合の投資利益率は、10％です。

つまり、利益は、売上から発生するのではなく、投資から発生しているのです。

この本質を誤って認識している経営者は、非常に多くいます。

利益が出ないのは、「コストダウン」ばかりして、投資を怠っているからです。

コストダウンとは、投資と真逆のコンセプトです。

コストダウンとは、過去の投資の効率性を上げるための微調整に過ぎません。

戦略ではなく、戦術と言えます。

コストダウンで利益を出す発想は、アクセルとブレーキを同時に踏む状態です。

しかし、あまりにも多くの経営者が、コストダウンで利益を出そうとしています。

利益は、投資によって生まれる！

この発想が、次のイノベーションにつながります。

利益が出ていないのなら過去の投資効果がなくなったという意味です。

利益を出したいのなら、「何に対して投資すべきか」を考えて、新しい行動を行うべきなのです。

利益が出ていないのに「コストダウン」ばかり行っている企業は、既に陳腐化している「過去の成功モデル」にしがみついている状態です。

　厳しい言い方かも知れませんが、社歴の長い企業ほど、この本質が見抜けずにこの状態に陥っています。

　究極的には、ビジネスは、「投資」と「回収」から成立しています。

　最初の資金「調達」と「投資」の金額を管理する表が、「貸借対照表」になります。
　「投資」と「回収」のフローを管理する表が、「キャッシュフロー表」です。
　「回収」の内訳、源泉は何かを管理する表が、「損益計算書」です。

　この３つを合わせて財務三表の構造を知ることが、ビジネスの根幹を理解する上で重要になります。

お金の流れ（キャッシュフロー）でビジネスを理解する

ビジネスにおけるお金の流れを時系列で考えます。

ビジネスを始めるにあたっては、お金が必要です。
お金を集めることを「資金調達」と言います。

(1) 資金調達

　資金調達には、2つ方法があります。
① 自己資本として「株主」から集める方法、これが「資本金」になります。
② 他人資本として「銀行」から集める方法、これが「負債」になります。

　貸借対照表の右側（貸方）は、誰からお金を調達したのかを意味します。
　お金を借りたのに貸方と呼ぶのは、自分がお金を借りた人の明細を作れば、お金を「貸してくれた人」の一覧表になるので、「貸方」と言います。

図表 1-6　貸借対照表　資金調達

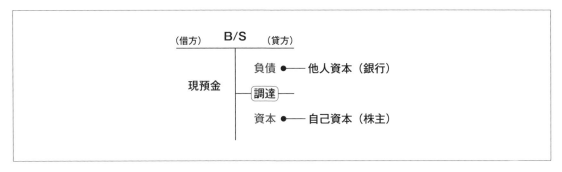

（2）投資の意思決定

　貸借対照表の左側（借方）には、調達したお金（現預金）が入ります。

　この現預金の中から、一定の金額を「投資」に回すのです。

図表 1-7　貸借対照表　投資

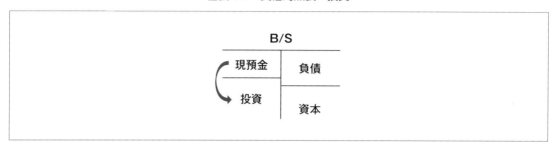

　貸借対照表の左側をなぜ「借方」と呼ぶのか？

　企業は、お金を「投資」し、製品を作り、顧客に販売し、最後にお金を「回収」します。

図表 1-8　ビジネスのフロー

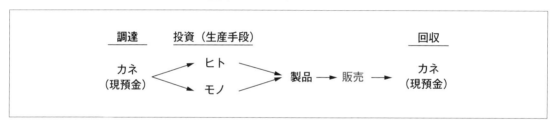

　この販売は、損益計算書で「売上」として計上されます。

　ビジネスは、現金商売と信用商売に分かれ、信用売り（掛け売り）の場合は、後から現金が「回収」されます。

　売った人を忘れては困るので、誰に売ったのか記録する明細を作ります。

　これが、顧客元帳（大福帳）と呼ばれ、「信楽焼の狸」が手に持っているものです。

　売り手からすれば、お金を借りている人の一覧表になるので「借方」と呼びます。

　会計上は、売掛金として「資産」に計上します。

（3）投資と回収

　「投資」は、将来、利益を出して現金を「回収」することを目的として行うものです。

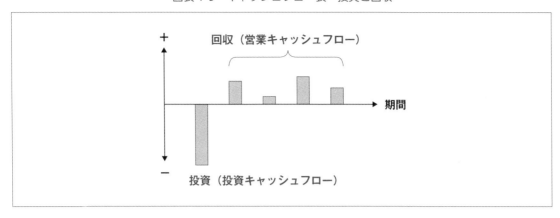

お金の流れは、「出る」と「入る」の2つしかありません。

投資は、お金が外に出る（キャッシュアウト）

回収は、お金が外から入る（キャッシュイン）

つまり、キャッシュフロー表の本質は、お金の出入りを管理するものです。

お金をいくら投資したかが「投資キャッシュフロー」

お金をいくら回収したかが「営業キャッシュフロー」

キャッシュフロー表を複雑にしているのは、これに「財務キャッシュフロー」が加わるからです。

投資を行う時、手持ちの資金が足りないときがあります。

この時、銀行からお金を借りて不足分を補います。

この場合の「投資」は、お金が出ていきますが、「財務」は、逆に借入により、お金が入ってきます。

次に将来、お金が「回収」されたとき、借りたお金を銀行に返します。

図表 1-10　財務キャッシュフロー

このように考えると原則的には、

投資キャッシュフローは、常に、キャッシュは出る（－）

営業キャッシュフローは、赤字でなければ、キャッシュは入る（＋）

財務キャッシュフローは、投資に対応して、借りる時は入る（＋）、回収に対応して返す時は（－）

損益計算書は、「回収」（利益）がどのような内訳から発生したのかを示すものと理解すれば、お金の流れでビジネスの構造が理解できます。

目指すべき「強い会社」になるとは、「回収」によって資本が蓄積され、借入が返済されて負債の部が小さくなり、現預金が増加していくことです。

図表 1-11　目指すべき自己資本比率

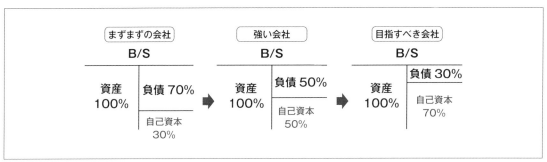

自己資本比率（総資本の中で自己資本が占める割合）が30％あれば、「まずまず」と言われます。

「強い会社」になるには、50％を目指しましょう。

70％以上になれば、無借金経営（有利子負債ゼロ）も実現できます。

これが「強い会社」の完成形です。

【参考動画】【第25回】キャッシュフロー計算書の読み方｜久野康成の経営のエッセンス
https://www.youtube.com/watch?v=nqnn1K-wtKk

17 「儲かる会社」にするには「粗利予算」で管理せよ！

「強い会社」は、「儲かる会社」を作ることによって完成します。

「儲かる会社」を作るためには、売上予算より「粗利予算」を重視すべきです。
ここが非常に重要なポイントです！

しかし、ほとんどの企業は、いまだ成長神話に縛られ、「売上予算」を重視します。
売上予算が有効なのは、企業が「成長期」にあるときです。

国も高度成長時代は、GDPの成長率が重要でした。
しかし、少子化し、マーケットそのものが縮小する中で成長だけを求める成長神話に固執すれば、重要な戦略を誤ります。

企業で売上成長率が重要なときは、競争戦略でマーケット・シェアを争うときです。
ランチェスター戦略に代表されるように、マーケット・シェアを高めた企業が圧倒的に有利なポジションを取ることができます。
結果として、「利益率」を高めることに成功するのです。
同じマーケットの中で戦う場合、マーケット・シェアと利益率には相関関係があり、シェアを確保する「成長戦略」が、市場が伸びているときの基本戦略となります。

しかし、市場が成熟期に入り細分化されて独自性、特異性を打ち出さなくてはならない時は、競争戦略（レッドオーシャン）から差別化またはニッチ戦略（ブルーオーシャン）を目指す必要があります。
つまり、中小企業の基本戦略は、成長戦略ではなく、「ニッチ戦略」なのです。

「売上予算」を追いかけると、単価より「数量」に営業はフォーカスします。
営業は「体」を使って頑張って売ろうとします。
頑張っているのに結果が出ない状態に陥るのです。
営業は、売上予算を達成するには、より多く売ることと考えるので、数量を伸ばすために値下げしたくなります。
結果的には単価が下がり、利益率が落ちる傾向が出ます。

これに対して、「粗利予算」を追いかければ、営業は「単価」にこだわるようになります。少しの値下げが大きく粗利を下げることに気づきます。
逆に、少しの単価アップが大きく粗利に貢献することにも気づきます。
常に、どうすれば単価アップできる商品開発ができるかを考え「頭」を使います。

既存商品でも、より付加価値のある商品の販売に着目しセールス・ミックスが変わり、利益

率がアップします。付加価値の高い商品を売るためには、提案型営業をする必要があり、営業の提案力もアップします。

かつては、営業と製造で責任を明確にするため、営業は売上予算、製造は売上原価予算に対して責任を持たせていました。

結果、営業と製造との間で、納期、品質、他社より高い原価、売れない製品など、責任のなすりつけを行うことが起きました。

本来、企業の中では「協力」しあうことが重要にも係らず、「対立」することもよく起きました。

これは、「共通の目標」を持っていないからです。

営業も製造も共通の「粗利予算」で管理すれば十分です。

粗利予算を達成するための新製品開発、セールス・ミックス、プロダクト・ミックス、コスト削減など、営業・製造・開発で共通の目的で協力しあうことができます。

営業は、販売だけでなく、単価を上げるための付加価値の高い製品開発を考えることも重要です。また、製造は、顧客志向で「ものづくり」ができるようになります。

「粗利予算」は、営業と製造との間で行われていた責任分担から、お互いの責任を統合していく「連結ピン」の役割を果たすのです。

経常利益を2倍にすることは、売上を2倍にすることよりはるかに簡単です。

「儲かる会社」にするためには、売上予算から粗利予算に管理をシフトさせることです。

これによって、次の副次効果が生まれます。

① 早く正確な月次決算

② 正しい製品別原価計算

③ 適切な在庫管理

社員は改めて、粗利を早く正しく計算するためには、上記が重要であることを認識します。結果、会社の管理能力が全般的に高まる副次効果が生まれます。

原価計算、在庫管理がうまくいかないのは、「売上予算」中心の管理が原因なのです。

「粗利予算」を設定するにあたり、最初に考慮すべきは、「経常利益率」です。

粗利予算は、「額」ですが、より大切なのは「率」の変化です。

経常利益を中心に経営を企画すると、「儲かる会社」ができます。

経常利益率に関して興味深いのが、京セラ創業者の稲盛和夫氏の話です。

稲盛氏は、企業は、経常利益 10％を目指さなければいけないと言われました。
しかし、どんな業種でも 10％が当てはまるのでしょうか？

京セラは、製造業です。稲盛氏の 10％は製造業を前提にしている言葉です。
製造業の粗利率を 50％と仮定すると 10％とは、粗利率に 20％を掛けた数字です。

当社の場合、サービス業であり、基本的に仕入はありません。
従って、粗利率は 100％であり、目指すべき経常利益率は 20％となります。
そして、私は、この経常利益率 20％を目標に経営してきました。

経常利益率 20％を達成するためには、高付加価値型のサービス提供が必要です。
つまり、常に頭を使って経営しなければいけません。
この 20％という目標設定があったからこそ、「儲かる会社」ができました。
稲盛氏が言われた数字を素直に受け入れて実践した結果です。

経営者は、様々な場所で、様々なことを聞き、沢山の本の中から様々な情報を得ます。
問題は、知っているかではなく、実践したかです。

実践するためには、「うちの業界は違う、合わない」という発想に陥るのではなく、素直な
心で受け入れることが大切です。

図表 1-12　3つの輪　価値循環図

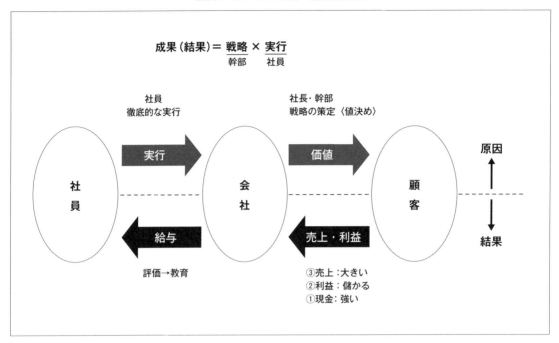

　会社から顧客に向かう右ベクトルは、顧客への価値提供を意味し、この価値を決めることが「戦略」です。

　提供する価値と同額で、顧客から会社に向かう左ベクトルである売上が決まります。

　ビジネスは、商品の価値と顧客から得るお金の等価交換で成立しています。

　売上・利益は、提供した価値の結果に過ぎず、これを上げたければ、提供する価値を上げることです。

　経営では、「戦略」と「実行」が原因で、「利益」は結果です。

　利益を上げたければ、戦略を変更するか、実行力を上げるかの2つしかありません。

　利益を上げ、現預金を増やすことで「強い会社」になります。

　戦略が有効であれば、やがて「大きな会社」になります。

　大きな会社になることもまた、結果に過ぎないのです。

　戦略の策定は、商品の値決めは、社長だけではなく幹部の仕事です。

　幹部の仕事は、「儲かる仕組み」を作ることであり、営業することではありません。

　会社が得た利益は、社員に対する給与の財源になります。

　社員の責任は、会社が決めた戦略を実行することであり、会社を通じて顧客に与えた価値に応じて社員の給与は決定します。社員の給与も理論的には、社員が顧客に与えた価値と等価交

換で決まります。

　もし、与えた価値よりも少ない給与しかもらえなければ、転職して自分が提供する価値に等しい給与をくれる会社に移動します。
　社員が会社に帰属するか否かは、理論的には会社が社員に与える誘因（I：Inducement）と社員の貢献（C：Contribution）のバランスで決まります。なお、誘因は、職場環境など、給与以外の要因も含みます。
　これは、C.I. バーナードの「I-C バランス」と呼ばれます。
　社員が、I ≧ C と考えている間は、会社にとどまります。

　私は、この図を考えるにあたり、次のような「規律」を考えて実践してきました。
　良い会社には、良い規律があり、それが「習慣」となり、「文化」のレベルまで昇華されたときは、競合他社と圧倒的な差が生まれます。
　戦略は、競合に真似されやすいですが、文化を真似るのは、並大抵の努力ではできません。

　① 与えたものが得たもの
　これは、船井幸雄氏の言葉です。私はこの言葉に出会い、全てが変わりました。
　数字を追いかけるのではなく、価値を追いかけること。
　自分が何か得られていないと思うのであれば、自分が与えていないことが原因であること。この言葉をベースに「価値循環図」を考え社員に共有しました。

　② 全ては自分の問題
　仕事は、必ず何らかの障害にぶつかるものです。誰かの責任にした瞬間から解決できない問題に置き換わります。最後まで、自分の問題と考え対応すれば、解決力が身に付きます。解決力を身に着けた人にはお金が付いてくるのです。

　③ 自ら責任範囲を広げよ
　人間は、自分が与えられたポジション、権限に応じて責任の範囲を限定的に考える傾向があります。社員が責任の範囲を限定的に考えれば、協力関係が得られません。「関心の輪」を広げるためには、自ら責任の範囲を広げて行動することです。先に責任の範囲を広げて行動した人に、後からポジション（昇進）が付いてくるのです。

　まず、「強い会社」にするためには、社員の「意識改革」が必要です。
　意識改革は、行動の「優先順位」を変えます。
　優先順位が変更されて初めて、行動が変わるのです。

　私は、会社の成果は、
　「成果＝戦略×実行」で決定すると考えています。
　経営は、本来、非常に複雑なもので、複雑なものを複雑と捉えている限り、どこから手を打

つべきかと迷います。

　複雑なものを単純化させる技法を Simplification と呼びます。私は、このメソッドで迷いを断ち切り、経営の問題を「戦略」か「実行」の問題と考えました。

　「戦略」の問題は、社長と幹部、「実行」の問題は、社員です。
　このテーマは、第二章で詳しく解説します。

　成果を分析して、問題を社員にフィードバックしていくことが、OJT による「教育」であり、「評価制度」とリンクさせて、制度により規律の浸透を図ります。
　このテーマは、第 3 章で詳しく解説します。

　「強い会社」 → 「儲かる会社」 → 「大きい会社」は、「仕組化」によって実現させるべきです。

　人が人を育てるのではなく、人が「仕組み」を育てること！
　その「仕組み」によって人が育つようにさせることです。

　経営者が、人を育てている限り、属人的経営から抜け出せません。

　仕組みを残すことが経営者の本当の仕事であり、これを行った経営者は、事業承継にも成功するのです。

第2部
戦略策定ノート

戦略会議の目的

　私たちは、日々の仕事を通じてお客様へ価値を提供し続けています。

　今の成果に向かって全力で取り組むことが緊急課題である一方で、未来の成長に向けての仕組み作り、変化への対応が「先送り」されがちになります。

　組織が成長し続けるためには、常に変化し続けることが重要です。

　「イノベーション」を起こすための仕組みである「マネジメントシステム」を構築していくことが必要となります。

　そのための責任を明確にし、参加者全員が成長の方程式を理解し合意すること、これが、この戦略会議の目的です。

第2部の構成

　第2部は、以下の6つのパートから成り立っています。

①課題発見

②理念・ビジョン

③中期計画・戦略策定

④利益計画・予算策定

⑤アクションプラン

⑥進捗会議

　第2部に書かれている質問のワークを順番通り進めていただくことで、「イノベーション」を起こすための第一歩を踏み出すことができます。

【PART ①】

課題発見

2

プロフィール記入シート

これから本書を使って、自社の戦略を策定します。

最初に、前提として、現状を正しく認識することが必要です。

車で目的地に向かおうとしたときに、そもそも今、自分がどこにいるのかが分からなければ、道筋を立てることはできません。

経営においても同じように、自社の事業ドメインが何か、売上高や利益の規模はいくらか、事業所数等を正しく認識することが必要となります。

その上で、さらにどう成長するかを考えることが戦略になります。

右ページの【プロフィール記入シート】のそれぞれの問いに、あなたが今把握している自社の状況を記載してみましょう。

売上高や利益額、利益率など分からない場合は、仮説または勘で書いてください。

書き終わったら、書いた答えを順番に発表します。発表するときは、書いたものをそのまま読んでください。書いていないことを発表する必要はありません。

全員発表し終わった後に、正しい自社のプロフィールを把握されている方が、正解を発表します。

ここでは他の人に比べてどれだけ自分の回答が正しかったのかは問題ではありません。

自分の認識と会社の本当の現状とのギャップを客観的にとらえ、自社を正しく理解し直すことが重要です。

メモ 🖉

プロフィール記入シート　　　10分

【会社名】

【事業内容】

【従業員数】

【創業年月日】

【直近決算の売上高】

【直近決算の利益額】
売上総利益額：
営業利益額：
経常利益額：

【利益率】
売上総利益率：
売上高経常利益率：

【現社長は何代目か】

【国内事業所及び海外拠点の場所】

　経営に関する言葉の定義を考えていきます。

　普段からよく使っている言葉でも、その意味を改めて考えると、普段使っている言葉もあいまいな定義で使っていたことに気づくことがあります。

　この会議に集まっている皆さんは、これからの自社の未来を考えていく、経営メンバーです。

　このメンバーの間で使っている言葉の認識が違っていると、ディスカッションをしても正しくお互いの意図を理解することが難しくなります。

　右ページの【言葉の定義付け】のそれぞれの言葉の定義について、あなたが認識している内容を記載してみましょう。

　ここでは、国語辞典に載っているような意味を書くのではなく、自社ではその言葉はどのような意味で使われているのかという観点で書いてください。

　例えば、「社員」を定義する場合、「共に働き企業目的を実現する仲間」なのか「（単なる）生産手段」なのかでとらえ方が大きく変わります。

　結果として、社員に対してどのようにコミュニケーションや育成をしていくのかが異なります。

　「顧客」についても、「自らが生きていくための糧を得る手段」なのか「共に生きる目的として価値を与える対象」なのかによって、お客様との向き合い方は大きく変わります。

　書き終わったら、書いた答えを順番に発表します。

　発表するときは、書いたものをそのまま読んでください。

　全員一通り発表し終わった後に、それぞれの言葉に関して、皆さんでディスカッションしてみましょう。

　これらの言葉の定義に正解はありません。

　例えば、「経営とは何か？」は経営者ごとに違うものです。

　どういう意味を見出すかは、経営者自身の哲学や人生経験によって千差万別です。

　しかし、自社の経営メンバーとして「経営とは何か？」というテーマに向き合い、その意味を擦り合わせることで、共に経営を考える土台ができあがります。

　これが他社とは違う強い組織を作り出す第一歩です。

言葉の定義付け　　　　　　15 分

Q 経営とは

_____

_____

Q 経営理念とは

_____

_____

Q ビジョンとは

_____

_____

Q リーダシップとは

_____

_____

Q 戦略とは

_____

_____

Q 組織とは

_____

_____

Q 顧客とは

_____

_____

Q 社員とは

_____

_____

_____

_____

企業のライフサイクル

【企業のライフサイクル】

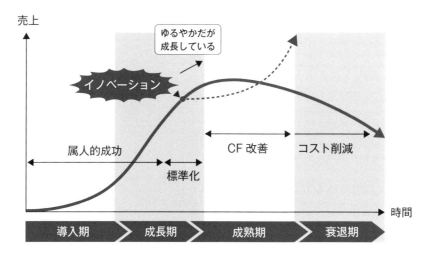

【イノベーションのポイント】

①意思決定……社長の責任
変化を起こすと決める

②中身……社長＋幹部の責任
戦略の中身を決める

- ②と③の間で
問題が起きる

③実行……社員の責任
戦略に従い実行する

忙しい、人がいない、時間がないといって
実践が先送りされてしまう。
方向性は合うが、**スピード**が合わない

【参考動画】国内イノベーション動画（0:00－6:13）
https://youtu.be/G_3wgsI6Fmk

企業には必ずライフサイクルがあります。

導入期は、社長自らの力によって「属人的成功」を収める場合が多いです。
しかし、事業が拡大し、成長期へと突入するとどうしても社長一人では手が回らず、経験者である幹部に仕事を任せることになります。ただし、経験のある人間を継続的に雇うというのは難しいので、成長期の後半では、できる経験者が不足し成長が鈍化していきます。
そして成長期が終わった段階で成熟期を迎えますが、成熟期では利益やキャッシュフローはかなり良い数字となり、成長は鈍化していても引き続きうまくいっているように見えるのです。

ただし、そのまま何もしないでいると衰退期を迎え、利益やキャッシュフローが悪化し、コストダウンをするしか打つ手がなくなります。
そして、キャッシュが底をついたとき、会社は倒産します。
そうならないためには成長期の終わりの段階で、次の成長の種を生み出す取り組みが必要になります。

これが「イノベーション」です。
衰退期からイノベーションを企画しても経営資源が乏しくなるため、多様な戦略を打ち出すことが難しくなります。
成長期が踊り場に差し掛かる時、つまり、成長期の最後にこそ次のイノベーションを企画し、新しい何かを始める必要があります。

ただし、成長期の後半ではかつてほどではないにしても会社は成長を続けているため、従来のやり方を変えることに社員からの抵抗があり、イノベーションを起こすことが難しいかもしれません。
さらに、成熟期に入っても会社は儲かり続けているため、変化する必要性を感じにくいという問題があります。

しかし会社が変わらなければならないという意思決定をしない限り、いずれは衰退に向かっていくというのがすべての企業の真実なのです。
今一度、自社のステージを見つめなおし、イノベーションを企画しましょう。

ミドルマネジメントの役割

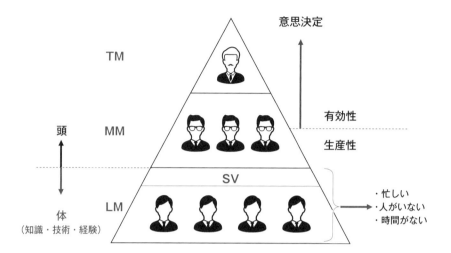

【参考動画】国内イノベーション動画（6:14-9:47）
https://youtu.be/G_3wgsI6Fmk

ミドルマネジメントの役割・緊急性と重要性

　イノベーションを起こそうとしても、幹部から「忙しい、人がいない、時間がない」という発言が出ることがあります。

　組織は、トップマネジメント（TM）、ミドルマネジメント（MM）、ロワーマネジメント（LM）の3つの階層からなります。

　LM はお客様から注文をもらい、物を作り、納品し、お金を回収するというサイクルを繰り返すのが仕事です。基本的には、その業界の知識・技術・経験が必要で、時間を使う業務になります、つまり、「体」を使う業務となります。
　この業務を行う人は忙しいという発想に陥りやすくなります。

　一方で、TM・MM は「頭」を使う仕事です。
　TM は通常、社長であり、「意思決定」が仕事です。

　では、MM の役割は何でしょうか？
　LM と違い MM の仕事に始まり・終わりはありません。
　傾向をつかみ傾向を変えるのが仕事です。
　LM に対しては、生産性を高めるために業務を標準化させ、マニュアル化して、知識・技術・経験の乏しい人間でも早く仕事ができるようにするのが仕事になります。
　さらに TM に対しては、経営者の意思決定をサポートするのが仕事です。
　また、幹部の責任として、社長によって意思決定された、会社を変えていくというイノベーションの中身（戦略）を詰めていくことが MM の仕事になります。

　しかし、多くの中小企業ではこの TM・MM までを社長1人でやっているのが一般的です。
　社長だけがスーパーマンのように活躍しています。
　これは、中小企業の多くが、社長が下に降りなければ情報が上がってこない、また、下から意思決定に必要な情報が上がってくることもないからです。

　なぜそうなってしまうのでしょうか？
　それは、本来の MM をやるべき層がプレイングマネージャーと称してロワーマネジメントのスーパーバイザー（SV）ポジションを取っているからです。

緊急性と重要性

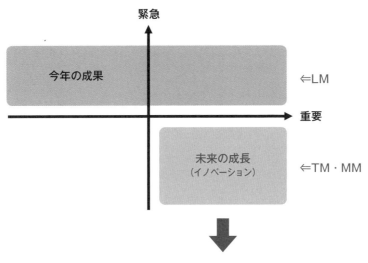

重要性が高いが「先送り」にされてしまう
これが「企業格差」につながる

【参考動画】国内イノベーション動画 (9:48 - 16:19)
https://youtu.be/G_3wgsI6Fmk

仕事を緊急性と重要性の軸で区分すると、例えばクレーム処理というのは、緊急かつ重要な仕事であり、これに対応しない会社はありません。

　やらなければ会社がつぶれてしまいます。

　つまり、緊急性のある仕事はどんな人でも一生懸命頑張るわけで、ここは今年の成果、今年の予算達成のための仕事であると言えます。

　これはLMの仕事にあたります。

　では、TM・MMはどういう仕事をすべきでしょうか？

　緊急性はないが、重要性のある仕事＝未来の成長につながる仕事をしなければなりません。

　しかし、ここの部分はいくらでも「先送り」できてしまうのです。

　今年の成果に関わる仕事をどれだけ取り組んだかではなく、未来の成長に関わる仕事を先送りしたか今取り組んだかが企業格差を生むのです。

価値循環サイクル

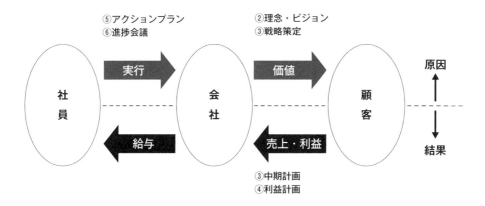

※丸の中の数字は、本書で扱うパートを指します。

【参考動画】国内イノベーション動画（16:20-31:10）
https://youtu.be/G_3wgsl6Fmk

マネジメントの体系を会社（経営者・株主）・顧客・社員の３つの利害関係で考えています。

　この３つが経営の中で最も重要な利害関係者であり、この３者はとかく対立してしまいます。これらの利害関係を調整していくことが経営の中で最も重要なテーマとなります。

　右上の、会社から顧客への矢印は会社が与える「価値」を表します。

　そして右下の顧客から会社への矢印は、それによって会社が得ることができる売上や利益を表しています。

　この２つは等価交換の関係になります（与えたものが得たもの）。

　経営において、ここでいう価値は原因であり、「売上・利益」は結果という関係になっています。

　そしていかなる価値を提供していくのかを決めるのが、会社の「戦略」であり、この戦略は長期の理念やビジョンに基づいて設定されます。ただし、この理念・ビジョンと現在の戦略が紐づいているかは定期的に問い直しをしなければなりません。

　左下の会社から社員への矢印は、支払われる「給与」を表します。

　そして左上の社員から会社への矢印は、社員が会社を通じて価値提供を行う、つまり「実行」を意味します。

　どのような戦略をとるのかは、企業の「設計」と言い換えることができます。

　そして「成果＝設計×実行」という式で表されるように、戦略と実行が合わさって成果につながることになります。

　この図は、本書の随所で登場します。

　この図のコンセプトがまさにマネジメントシステムそのものだからです。

　これから本書で行う、経営上の本質的な課題を抽出し、理念・ビジョン、予算、戦略を考え、それを実行に移していくという一連の取り組みの中で、この図のコンセプトは大いに役立ちます。

会議のゴール

1. 会議のゴールと会議の成果は何かを5分で考える。

2. 記入したものを1人ずつ発表する。

メモ ✎

Q この戦略会議が終わった時に、
どのような状態になっていれば会議が成功したと言えますか？

これまでの貢献

1. 6分で5つ以上の答えを書く。

2. 発表するときは書いたものをそのまま読んでもらう。書いていないことは言わない。

3. 自分の貢献を再確認して、自己信頼度を高める。

4. 他者の貢献を確認して、承認し、意見を出しやすくする雰囲気を作るように心がける。

✏ メモ

これまでの貢献　　　6 分

Q あなたが今までにこの会社で貢献してきたことを 5 つ以上書く。
（会社全体 / 部署、または個人レベルでも構いません）

-
-
-
-
-
-
-
-
-
-

自社の問題

1. 右ページの質問に8分で少なくとも5つの答えを書く。

2. ここでは、自社の問題と思われることをできるだけ多くリストアップするようにする。
   ブレイン・ストーミングでは、まず、数が重要となる。

メモ ✐

自社の問題　　　　　　　8分

> **Q** 自社の現状の問題点は何か？
> 自分の観点で最も重要と思われることを少なくとも5つ書く。

① _____

② _____

③ _____

④ _____

⑤ _____

⑥ _____

⑦ _____

⑧ _____

⑨ _____

⑩ _____

_____

_____

_____

_____

_____

_____

_____

自社の問題への解決策

1. 前ページにリストアップした問題を再度、読み上げて、その解決策を1人ずつ
   発表する。

2. 2周目以降も、1人1つずつ発表する。

メモ 🖊

> **Q** 前のページで挙げた問題は、それぞれ、どのようにすればうまくいくのか、その解決策を書く。

① _____

② _____

③ _____

④ _____

⑤ _____

⑥ _____

⑦ _____

⑧ _____

⑨ _____

⑩ _____

自社の真の問題

1. 右ページの質問に5分で少なくとも1つの答えを書く。

2. 問題は、表面上の問題と真の問題に分かれる。

3. 真の問題に達するには、5回以上なぜ（Why）を繰り返し自分に問う。

4. 真の問題が発見できた時、その解決策（How）も見つかる。

5. この真の問題発見のメソッドは「トヨタ式5W1H」と呼ばれる。

【トヨタ式5W1H】
5つの Why

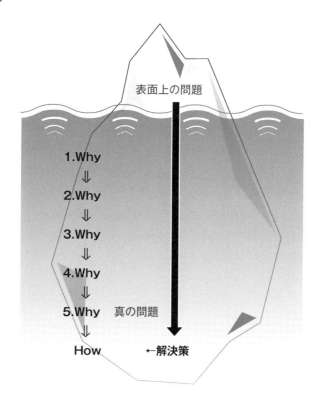

【参考動画】【第248回】トヨタ式5W1H｜久野康成の経営のエッセンス
https://youtu.be/HnoLrb2MqHY

自社の真の問題　　　　　　　５分

Q 誰にも言えない私が知っている自社の本当の問題は何か？

自社の真の問題への解決策

1. 右ページの質問に8分で考えて答えを書く。

2. 解決策より、真の問題を発見することの方が難しい。
   逆に言えば、真の問題が発見できれば、解決策は自ら見つかる。

3. 解決策が簡単に見つからない場合は、真の問題が誤っている可能性がある。
   この場合は、真の問題から問い直す必要がある。

メモ

自社の真の問題への解決策　　　8分

Q 前のページで挙げた問題は、どうすればうまくいくだろうか、その解決策を書く。

自己開示の重要性　ジョハリの窓

　ここではあなた自身の問題を「自己開示」します。

　下図は、アメリカの心理学者ジョセフ・ルフトとハリ・インガムが対人関係の構築の分析について発表し、2人の名前を組み合わせた「ジョハリの窓」として有名な図です。

　重要な課題を話し合うためには、相手との信頼関係が重要になります。見ず知らずの他人に、自分の悩みやプライベートな部分を開示したいと思う人は少ないはずです。

　良質なコミュニケーションを取るには、自分も相手も知っている領域、つまり、お互いが理解し合っている「明るい窓（図の左上）」の領域を拡大していくことが重要ということになります。

　そのためには、まずは、自分は知っているが相手が知らない「隠された窓（左下）」、そして相手は知っているが自分は知らない「盲目の窓（右上）」を広げていかなければなりません。

　盲目の窓を広げるには、自分が気づいていない部分を相手から「フィードバック」してもらう必要があります。ここで考えたいのが、他人からフィードバックをもらえるようになるにはどうすればよいか？　ということです。フィードバックする側も心理的な障壁があります。自分のフィードバックで相手が不快な思いをするのではないか？　反発されるのではないか？　といった不安です。

　そう考えると、他人は簡単にフィードバックをしてくれるわけではないと考えるべきです。

　「明るい窓」や「盲目の窓」を広げていくには、最初に相手が知らない自分を知ってもらう、つまり、先に「自己開示」を行うことが重要になります。

　ジョハリの窓でいう、左下の「隠された窓」を広げていくことになります。

　自分を相手に知ってもらうことで、フィードバックを受けやすくなり、また相手も自分に対して自身の「隠された窓」を開示してくれる期待が高まります。

【参考動画】【第249回】
ジョハリの窓と自己開示｜
久野康成の経営エッセンス
https://
youtu.be/4O19FgAQQXc

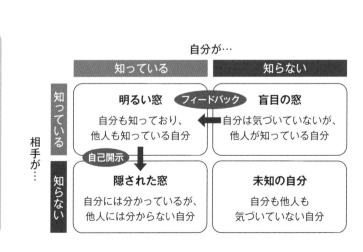

あなた自身の真の問題（自己開示）　5分

> **Q** あなたの抱える、あなたがこれまで隠していた真の問題は何か？

あなた自身の真の問題への解決策

1. 他者からのフィードバックの重要性

2. 自分の問題の解決策を発表する。

3. 他者は、それぞれ発表した本人に対して、フィードバックをする。

4. 他者からのフィードバックは、批判的ではなく建設的な意見を心がける。

　ここでは他の参加者が開示した自分自身の問題や解決策へのフィードバックを行います。

　ジョハリの窓について解説しているように、信頼関係を作るには、お互いに、「自己開示」で「隠された窓」を広げることと、「フィードバック」による「盲目の窓」を広げることが必要です。

　フィードバックは、相手の見えていない問題点や解決策に気づいてもらうために行います。フィードバックを行うためにもやはり自己開示が有効です。その上で、相手に本当に関心を持ち、だからこそ相手に気づいて欲しい、もっと良くなって欲しいという気持ちでフィードバックをしましょう。

― メモ 🖎 ―

あなた自身の真の問題への解決策　　5 分

Q 前のページで挙げた問題は、どうすればうまくいくだろうか、その解決策を書く。

Q ▶ 他者からのフィードバックをもらいここに記入する。

【PART ②】

理念・ビジョン

経営理念とビジョン

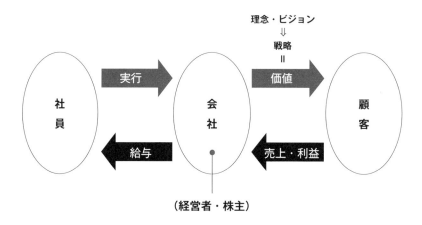

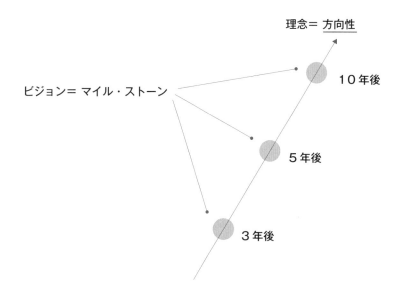

【参考動画】【第242回】経営理念とビジョン｜久野康成の経営のエッセンス
https://youtu.be/ApnUUbhyazo

【経営理念とは？】

①会社の目的は何か？

　会社の目的を示すのが、経営理念になります。会社の目的を考えることが経営理念を考えることと同じですが、実際に考えようとすると意外に難しいことが分かります。

②経営哲学とは？

　経営理念と似たような言葉で、経営哲学という言葉があります。これは今の経営者が持っている哲学であり、本来、経営理念と経営哲学とはリンクするはずです。

　しかし、会社の経営理念を今の社長が作ってない、例えば先代の経営者が経営理念を作った場合、その経営理念には先代の経営哲学が反映されており、今の経営者の経営哲学が直接反映されていない可能性があるため、その時は現在の経営者と会社の経営理念との擦り合わせが必要となります。

　ここが擦り合っていないと、自分の経営哲学が本音、現在の経営理念が建前となってしまう可能性があります。

　そのような場合は、改めて経営理念を考えなければいけません。

　経営理念の本質は経営者の普段の言動に現れるものであり、経営者の普段の言動と会社の経営理念が一致していないと、社員は、本音と建前として認識してしまいます。

③会社は誰のものか？

　経営理念を作るうえで、まず「会社は一体誰のものか？」と問いかけることも必要です。

　会社は誰のものかと言えば、法的には株主のものです。この定義に従うと、会社は何のために存在するかは、株主に配当を出す、多くの利益を生み、株価を上げ、株主が株を売却した時に売却益がたくさん出るようにする、といったことが目的となります。

　これでは、会社とは利益を稼ぐための機械のようなものと定義することもできます。

④会社は誰のためにあるのか？

　法的には、会社は株主のものなのですが、これにもう一つの問いかけをすることもできます。

　それは、「会社は誰のために存在するのか？」です。

誰のために存在するかと考えると、お客様のため、その先の社会のため、という答えが出てきます。
　その場合、会社の目的は、会社の外にあると考えることができます。
　つまり経営理念は、会社からお客様へ向かうベクトルになります。

　社員も自分は何のために働いているのかを考えた時に、お金もらうために働いている、給料をもらうと考えると、左向きのベクトルになります。
　また、会社は株主のためにあると考えれば、会社が利益をあげるという事が目的になり、これも左向きのベクトルになります。

　この場合、社員はそれぞれの働く目的があり、会社も利益を上げることを目的とすれば、社員は資産ではなく、費用として見なすようになるかもしれません。これでは組織がまとまらなくなり、組織を一枚岩に変えていくためには、右に向かうベクトル、つまり、全社員が共有できる目的としての経営理念を設定する必要が生じます。
　つまり、経営理念が浸透すればするほど、企業は一枚岩になりやすくなります。
　これが、経営理念が必要となる理由です。

【経営理念とビジョンの違い】
　次に、経営理念とビジョンはどこが違うのかを考えてみます。
　経営理念は企業の目的であり、ベクトル、つまり方向性を指すものになります。
　これに対してビジョンは、特定の時点における状態を指します。

　ビジョンは実現可能でイメージできることが大切です。
　例えば、3年後、5年後、10年後、その時点で、経営理念の方向性に対してどのような状態になっているかを示すものです。
　つまり、ビジョンを語る時は時間軸で何年後にそうなっているかを考えていきます。

　そのために、長期事業計画、中期事業計画を作る時は、経営理念の方向性に対して、ビジョンを共に設定し、10年後、5年後、3年後という時間軸に対して、売上高、社員数、どのような製品・サービスを売っているのかを明確に示していくことで目に見え、イメージできるようにすることが必要となります。

　つまり、ビジョンは理念を達成していくための1つの「マイルストーン」であり、このように考えて中期事業計画とリンクさせていきます。

経営理念の事例

・トヨタ自動車株式会社

1. 内外の法およびその精神を遵守し、オープンでフェアな企業活動を通じて、国際社会から信頼される企業市民をめざす
2. 各国、各地域の文化、慣習を尊重し、地域に根ざした企業活動を通じて、経済・社会の発展に貢献する
3. クリーンで安全な商品の提供を使命とし、あらゆる企業活動を通じて、住みよい地球と豊かな社会づくりに取り組む
4. 様々な分野での最先端技術の研究と開発に努め、世界中のお客様のご要望にお応えする魅力あふれる商品・サービスを提供する
5. 労使相互信頼・責任を基本に、個人の創造力とチームワークの強みを最大限に高める企業風土をつくる
6. グローバルで革新的な経営により、社会との調和ある成長をめざす
7. 開かれた取引関係を基本に、互いに研究と創造に努め、長期安定的な成長と共存共栄を実現する

引用：https://global.toyota/jp/company/vision-and-philosophy/guiding-principles/

・Google.inc

1. ユーザーに焦点を絞れば、他のものはみな後からついてくる。
2. 1つのことをとことん極めてうまくやるのが一番。
3. 遅いより速いほうがいい。
4. ウェブ上の民主主義は機能する。
5. 情報を探したくなるのはパソコンの前にいるときだけではない。
6. 悪事を働かなくてもお金は稼げる。
7. 世の中にはまだまだ情報があふれている。
8. 情報のニーズはすべての国境を越える。
9. スーツがなくても真剣に仕事はできる。
10. 「すばらしい」では足りない。

引用：https://about.google/philosophy/?hl=ja

・ジョンソン・エンド・ジョンソン株式会社

我が信条

我々の第一の責任は、我々の製品およびサービスを使用してくれる患者、医師、看護師、そして母親、父親をはじめとする、すべての顧客に対するものであると確信する。顧客一人ひとりのニーズに応えるにあたり、我々の行なうすべての活動は質的に高い水準のものでなければならない。我々は価値を提供し、製品原価を引き下げ適正な価格を維持するよう 常に努力をしなければならない。顧客からの注文には、迅速、かつ正確に応えなければならない。我々のビジネスパートナーには、適正な利益をあげる 機会を提供しなければならない。

我々の第二の責任は、世界中で共に働く全社員に対するものである。社員一人ひとりが個人として尊重され、受け入れられる職場環境を提供しなければならない。社員の多様性と尊厳が尊重され、その価値が 認められなければならない。社員は安心して仕事に従事できなければならず、仕事を通じて目的意識と達成感を得られなければならない。待遇は公正かつ適切でなければならず、働く環境は清潔で、整理整頓され、かつ安全でなければならない。社員の健康と幸福を支援し、社員が家族に対する責任および 個人としての責任を果たすことができるよう、配慮しなければならない。社員の提案、苦情が自由にできる環境でなければならない。能力ある人々には、雇用、能力開発および昇進の機会が平等に与えられなければならない。我々は卓越した能力を持つリーダーを任命しなければならない。そして、その行動は公正、かつ道義にかなったものでなければならない。

我々の第三の責任は、我々が生活し、働いている地域社会、更には全世界の共同社会に対するものである。世界中のより多くの場所で、ヘルスケアを身近で充実したものにし、人々がより健康でいられるよう支援しなければならない。我々は良き市民として有益な社会事業および福祉に貢献し、健康の増進、教育の改善に寄与し、適切な租税を負担しなければならない。我々が使用する施 設を常に良好な状態に保ち、環境と資源の保護に努めなければならない。

我々の第四の、そして最後の責任は、会社の株主に対するものである。事業は健全な利益を生まなければならない。我々は新しい考えを試みなければならない。研究開発は継続され、革新的な企画は開発され、将来に向けた投資がなされ、失敗は償わなければならない。新しい設備を購入し、新しい施設を整備し、新しい製品を市場に導入しなければならない。逆境の時に備えて蓄積を行なわなければならない。これらすべての原則が実行されてはじめて、株主は正当な報酬を享受することができるものと

確信する。

引用：https://www.jnjmedtech.com/ja-JP/OurCredo

・株式会社サイバーエージェント
21 世紀を代表する会社を創る

引用：https://www.cyberagent.co.jp/corporate/vision/

・株式会社オリエンタルランド
自由でみずみずしい発想を原動力にすばらしい夢と感動ひととしての喜びそしてやすらぎを提供します。

引用：http://www.olc.co.jp/ja/company/philosophy

あなたの会社の経営理念

1. 自社の経営理念を3分で書く。

2. 正確に思い出せなくても、大筋で合っていることが大切です。

3. この経営理念は誰が、いつ、何の目的で作ったかを2分で書く。

メモ ✏

あなたの会社の経営理念　　５分

Q ❶ あなたの会社の経営理念は何ですか？

Q ❷ この経営理念は誰が、いつ、何の目的で作りましたか？

誰が：

いつ：

目的：

責任・関心・影響の輪

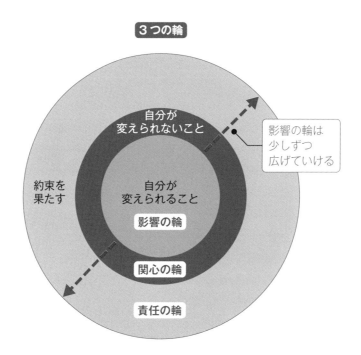

【参考動画】【第 250 回】責任の輪｜久野康成の経営のエッセンス
https://youtu.be/dKj1yBGTnjs

経営理念には、経営者の経営哲学が大きく表れます。

そして、経営者の経営哲学は、その人の価値観や思考が影響しています。

自身の価値観や思考レベルを左ページの図で考えてみましょう。

上にある図は、どのレベルで成果を出していくのかを3つの輪で説明しています。これは、『7つの習慣』（スティーブン・R・コヴィー著、キングベアー出版）にある「関心の輪」・「影響の輪」の図にアレンジを加えたものです。

簡単に言うと、成果を出すためには、「影響の輪」を広げていかなければなりません。

影響の輪の範囲は、自分自身でコントロールできるものです。

その範囲を広げることは、より大きな成果に結びつきます。

そして、「影響の輪」を広げるためには、まず、自分が周りのことに関心を持ち「関心の輪」を最初に広げることで、後から、影響の輪も大きくなってきます。つまり、より成果を出したければ、最初により多くのことに関心を持つことが重要になります。

ただし、関心とは、本人の価値観、本能に強く結びついており、第三者が影響を及ぼすのは非常に困難だという問題があります。自己啓発本を読んで、自分自身を変えられる人は、これでも機能します。

しかし、会社の中でこのコンセプトを浸透させるためには、もう少し工夫が必要です。

責任範囲を広げたくない人にとって、関心の輪を広げることは、最初のハードルが高いのです。

そこで「関心の輪」、「影響の輪」にもう1つ「責任の輪」を加えて説明したいと思います。

「関心の輪」は、本人の価値観、本能に依存し、「影響の輪」は、能力・努力に依存します。

価値観と能力は、簡単には変えられません。

しかし、「責任の輪」は、自分の意思、理性で変えることができます。また、責任の輪を広げることにはメリットがあります。与えられた権限の範囲よりも責任の範囲を広げて、行動する人が昇進するのです。

この責任の範囲が会社の中で最も広げた人間こそが、未来の「経営者」となるのです。

責任の輪とは、言葉を変えれば、「ミッションの輪」です。

ミッションは、「経営理念」に通じるものです。

つまり、自分が何をしたいのか、単なる個人のお金儲けなどではなく、自分が何をすべきなのか、世の中にある問題を解決することを、自分の責任と考えるソーシャル・アントレプレナー（社会起業家）となることも可能です。

人間の器

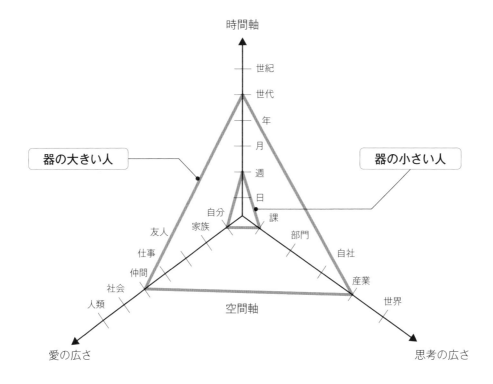

人間の器の測定器

時間軸

世紀
世代
年
月
週
日

器の大きい人

器の小さい人

自分
友人　家族
仕事
仲間
社会
人類

課
部門　自社
産業
世界

空間軸

愛の広さ

思考の広さ

【参考動画】【第251回】人間の器｜久野康成の経営のエッセンス
https://youtu.be/yzqlp6h4Kl0

左図は、思考の大きさを測定するツールです。

言い換えると、人間としての器の大きさを図る道具と言えます。

まず、「思考の大きさ」は、大きく分けると時間軸と空間軸に分かれます。

時間軸は、どれだけ長期の未来に対しての思考ができているかという部分です。今日１日のことで頭がいっぱいなのか、今週の予定のことまで考えているのか、今月、今年、５年後……というように自分の思考がどこまで先のところまで及んでいるかを考えてみましょう。

ソフトバンクグループ代表の孫正義氏は、300年成長し続ける会社を作りたいと言っています。自身の一生を超えたところまで考えられる経営者もいるのです。

空間軸は、さらに２つに分かれます。愛の広さと思考の広さです。

愛の広さは、自分が愛情を注ぐ対象者の広さです。家族や友人、そして自分自身を大切に思う人は多いと思いますが、経営者として自身が価値を与えたいと考える相手に対しての愛はどこまで広げられているでしょうか。

もう一つの空間軸である思考の広さは、地理的な空間の広がりを表します。

所属する部門や会社だけでなく、産業や世界といった自分の利害を超えたところまで考えることができるかが重要です。

時間軸・愛の広さ・思考の広さ、この３つがどれくらい自分にあるのかを図に実際に書いてみましょう。そして３つの点を結んだ三角形の広さが、器の大きさを表します。

器が大きいというのは、自分のことより社会中心に考えることができる人と言えます。

この器が広い経営者ほど、より社会性のある経営哲学を持ちやすいと言えます。

あなたが作る経営理念

---

1. 自分が経営者として、どんな経営理念を作るかを5分で書く。

2. なぜ、そのような経営理念を設定したのか理由を5分で書く

✎ **メモ**

Q ❶ もし、あなたが自社の経営者ならどんな経営理念を作りますか？

Q ❷ なぜ、あなたは上記のような経営理念を設定したのですか？

あなたの会社のビジョン

1. あなたの会社のビジョンを3分で書く。

2. もし、明確にビジョンが提示されていない場合は、現在の状況を踏まえて、想像して書いてもOKです。

3. 今の会社のビジョンが設定された理由を3分で書く。

✎ **メモ**

Q ❶ あなたの会社のビジョンは何ですか？

Q ❷ なぜ、そのようなビジョンが設定されているのですか？

あなたが作るビジョン

1. 自分が経営者として、どんなビジョンを作るかを3分で書く。

2. 自分が考えたビジョンの理由を2分で書く。

メモ ✎

あなたが作るビジョン　　　5分

Q ❶ もし、あなたが自社の経営者ならどんなビジョンを作りますか？

Q ❷ なぜ、そのようなビジョンを作りましたか？

あなたの野心

1. あなたの個人的な野心を2分で書く。

2. あなたの会社の野心を2分で書く。

3. あなたの個人の野心と会社の野心の方向性が合っているか？　合っていなければその理由を3分で書く。

【組織目標と個人目標】

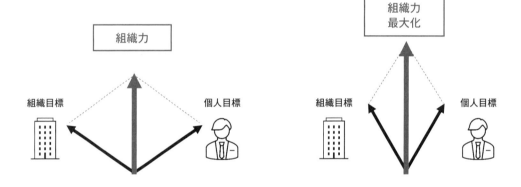

【参考動画】【第255回】組織目標と個人目標｜久野康成の経営のエッセンス
https://youtu.be/DUnjPezX9r4

Q ❶ あなたの個人的な野心は何ですか？

Q ❷ あなたの会社の野心は何ですか？

Q ❸ あなたの個人の野心と会社の野心の方向性は合っていますか？
合っていないとすれば何が理由ですか？

競合他社

1. 会社が倒産したら、自社の代わりにお客様へ製品やサービスを提供している会社があるかを 5 分で書く。

メモ 🖉

Q もし、あなたの会社が倒産したら、あなたのお客様に同じような
商品・サービスを提供してくれる会社はありますか？
あるとすればどこですか？　企業名を書いてください。

自分の子供を入社させたいか？

1. あなたの会社の社員は自分の子供を自社に入社させたいと思っているか？
   させたい理由またはさせたくない理由を5分で書く。

✏ **メモ**

自分の子供を入社させたいか？　　　5 分

Q あなたの会社の社員は、自分の子供を自社に入社させたいと思っていますか？
また、入社させたいのなら、させたい理由、
入社させたくないのなら、させたくない理由は何ですか？

10年・3年・1年後の姿

1. 10年、3年、1年後、現状の自社の姿、売上高、経常利益、社員数を10分で書く。

メモ ✏️

Q ❶ 10 年後の自社の姿は

売上高　　　　　　　　　　百万円

経常利益　　　　　　　　　百万円

社員数　　　　　　　　　　　人

Q ❷ 3 年後の自社の姿は

売上高　　　　　　　　　　百万円

経常利益　　　　　　　　　百万円

社員数　　　　　　　　　　　人

Q ❸ 1 年後の自社の姿は

売上高　　　　　　　　　　百万円

経常利益　　　　　　　　　百万円

社員数　　　　　　　　　　　人

Q ❹ 現在の自社の姿は
（決算時の実績）

売上高　　　　　　　　　　百万円

経常利益　　　　　　　　　百万円

社員数　　　　　　　　　　　人

Column 3　中小企業の離職率の問題

中小企業では、①良い人材が集まらない、②離職率が高いという問題が起きます。

これを究極的に改善する方法は、業界水準より高い賃金を払うことです。

もし、会社を退職して、現在の給料が下がるのであれば、多くの人は退職することを躊躇するはずです。
転職によって、給料が上昇する状態であれば、社員の質と賃金が市場の相場に合っていなことが原因です。
賃金水準の高い会社は、高い収益を上げており、職場環境も充実させることができます。

中小企業だから、人が集まらない、人が辞めるのではなく、「正しい戦略」がなく、高い収益を上げられず、職場環境も悪く、賃金を高められないことが原因です。

また、企業のライフサイクルで考えると、創業期から成長期の前半は、社員に負担がかかりやすくなる時期です。
創業期の数人で事業を行っていた時は、目標を共有できる仲間と共に仕事をすることが多く、深夜まで仕事することも厭わずにできました。

しかし、成長期が始まり、社員が増加すると、企業目的や理念共有度が低くなり、創業時と同じような仕事スタイルでは、直ぐに「ブラック企業」のレッテルを張られ、退職する社員が続出することとなります。

成長期の半ばからは、属人的な仕事のやり方から標準化を図り、経験者に頼らない「仕組化」が必要になります。
この仕組化とは、経験者でなければできない仕事を未経験者でもできるように標準化するという意味です。
つまり、中途採用ではなく、新卒採用を中心にできるようになります。

この中途と新卒の賃金格差が企業の超過利益を生む源泉となり、新卒にも競合他社より高い給与を支払うことが可能となり、成熟期を迎えた時には、定着率が上がるようになります。

経営者にとって離職率を下げる本質的な仕事は、正しい戦略を持ち、標準化を進め、超過利益を社員に還元していくことです。

福利厚生などの社員主義的アプローチは、あくまでこれを補完するもので、本質的なものではないと考える必要があります。

【参考動画】【第256回】中小企業の離職率の問題｜久野康成の経営エッセンス
https://youtu.be/xf353xoBmB0

【PART ③】

中期計画・戦略策定

中期計画

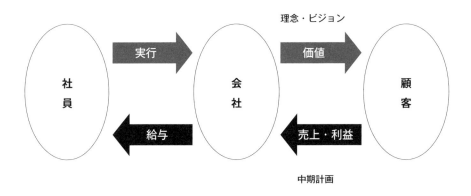

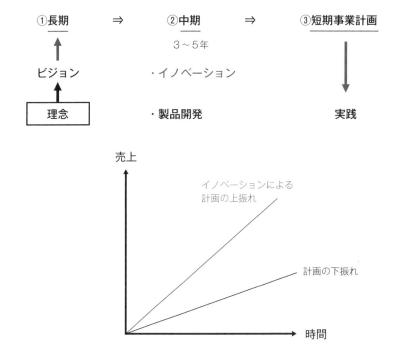

【参考動画】【第19回】経営者が考える事業計画の描き方｜久野康成の経営のエッセンス
https://youtu.be/A1fh-C0xJgc

事業計画は、長期⇒中期⇒短期の順番で作るのがポイントになります。

　人間個人で考えると、自身の生きている期間や自身の任期などを考えていればいいのかもしれません。

　しかし、企業は自分だけではなく、すべての社員の人生も考えて企画しなければなりません。社員の定年までの雇用維持の責任を考えると新卒採用をしている場合であれば、少なくとも毎年40年先までが責任範囲となります。
　また、当然ながら、企業は社会のためにも存在しているので、社会から求められ続けることを考える必要もあります。
　なぜこの会社は存在しているのか？　という経営理念から長期の「ビジョン」をデザインして、これを計画に反映させていきます。

　次に注意しなければならないのは、中期の計画を短期計画の延長で考えると失敗してしまうということです。経営環境は時間と共に大きく変化するので、中期計画では必ず「イノベーション」を考慮する必要があり、これがないと、成長がどこかで頭打ちになります。
　そして、このイノベーションを考えていくことが経営者の重要な仕事なのです。

　中期計画を1回作った後も、常にイノベーションという観点で少なくとも1年に1回は定期的に見直しを図っていくことも必要です。
　計画を遂行していく中でも、経営環境は刻一刻と変わっていくからです。

　長期のビジョンと短期の計画を繋ぐ中期事業計画の策定が、一番難しくもあり、最も重要な計画でもあります。

戦略策定

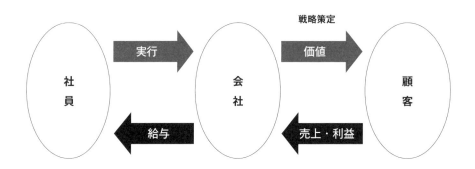

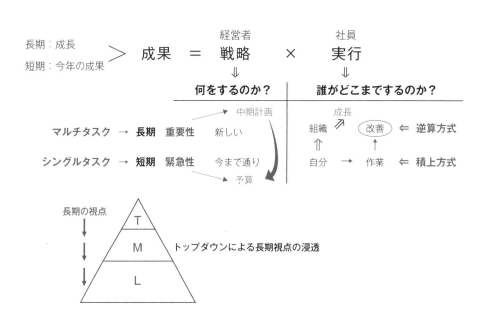

【参考動画】【第219回】成果＝戦略×実行｜久野康成の経営のエッセンス
https://youtu.be/jJSslCeV5s0

経営というのは様々な要素が絡む複雑なものなのですが、複雑なものを複雑に考えるのではなく、シンプルに考えた方がどこに手を打てばよいのかが見やすくなります。

　簡潔に言えば、経営には「目標設定」と、それを達成するための「戦略」と「実行（組織）」というテーマしかありません。
　一旦、目標が設定されれば、
　「戦略」＝「何をするのか」、「実行」＝「誰が、どこまでするのか」という２点に問題は集約されます。

　いくら頑張っても成果が上がらないのであれば、戦略に問題があるのかもしれません。
　その一方で、良い戦略があったとしても、実行が不十分であれば、いい成果は得られないでしょう。
　また、「戦略」と「実行」には、「長期」と「短期」の視点があります。

　「実行」について、短期であれば、経験者が自ら行うことが効果的と考えられますが、長期であれば、組織化・標準化していくことの方が大きな成果が得られます。
　「戦略」の観点では、短期であれば、今までの延長線で戦略の修正をしない発想に陥りやすくなります。
　長期では、新しい戦略を考えて、より大きな成果を得られる可能性を探ることができます。

　長期と短期を定量目標という視点で考えると、短期は単年度予算、長期は中期事業計画がそれにあたります。単年度の予算は、今年の目標達成という緊急性中心の計画になりがちです。本来、単年度予算は、長期の目標の途中経過における目標（マイルストーン）として考えなければいけません。

　しかし、単年度予算の積上方式による中期事業計画の作成を考えてしまうことがよく起きます。
　重要性の観点から中長期の目標を先に考え、逆算方式でそれを短期に落とし込む考え方が必要です。

　人間は、本能的に今まで通りのやり方を続けてしまう傾向があり、新しいことを習慣レベルまで引き上げるのは並大抵のことではありません。
　常に、長期の視点を持ち、習慣を文化のレベルで組織に浸透させることによって、競合他社に負けない強い組織が構築できます。

3C 分析

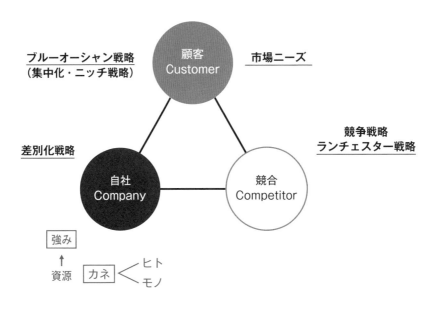

ブルーオーシャン戦略
（集中化・ニッチ戦略）

顧客
Customer

市場ニーズ

差別化戦略

自社
Company

競合
Competitor

競争戦略
ランチェスター戦略

強み

↑

資源　カネ ＜ ヒト
　　　　　　　　モノ

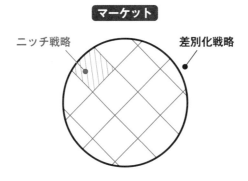

マーケット

ニッチ戦略

差別化戦略

3Cは、戦略を考える上で、最初に考えなければならないテーマです。

　マーケットは、自社のみで成り立っているわけではなく、「自社」・「顧客」・「競合」の三つ巴の中で、パワーバランスが存在しています。

　企業が戦略を考える際に、市場規模にのみ注目したり、競合の分析にのみ偏るケースが多くあります。市場と競合の両方を見て、さらに自社の強みを知り、そこから差別化戦略を考えていくことが大切です。

　自社の強みは、通常、保有するヒト・モノ・カネの経営資源から導かれます。

　経営資源が豊富である企業ほど勝ちやすいと言え、それを突き詰めていくとランチェスター戦略の考え方に行きつきます。すなわち、企業は、より多くの経営資源を持つほど、つまり一般的には大きくなればなるほど有利になります。

　したがって、基本的には企業は「成長戦略」を取らなければいけません。

　一方で、小さな企業が取るべき戦略は、多額の広告宣伝費を使うような、いわゆる「広域戦」ではなく、より顧客に近い「接近戦」で戦うことが有効です。個別の局面では経営資源の差を排除して戦うことができます。

　しかしながら、競合他社との競争自体が大変なので、戦わずして勝つというコンセプトの「ブルーオーシャン戦略」、「集中化戦略」や「ニッチ戦略」などが考えられます。「ニッチ戦略」と「差別化戦略」は、似ている言葉ですが、戦略としては全く異なるものとなります。

　「ニッチ戦略」は、特定の市場のみを対象としていくという戦略に対して、「差別化戦略」は市場全体に対して差別化した製品やサービスを供給していく戦略を意味します。「差別化戦略」では、広域戦になりやすく、経営資源の差が成功のカギを握ることとなります。

　したがって、小さい企業では「ニッチ戦略」の方が有効と考えられています。

　3Cのもう一つの「顧客」の視点では、顧客が何を求めているのか？　というニーズを考えることになります。

　しかし、すでに顕在化したニーズに対応しようとすると競合との競争を強いられることとなります。自社に問い合わせをするお客様は、競合他社にも同じように問い合わせて、相見積もりを取ろうとしている可能性が高いと言えます。

　顧客が言葉にする要望は、多くの場合、すでに競合でも提供できる、世の中にある製品・サービスです。そうした顕在ニーズだけに対応していれば、結果として激しい競争にさらされることになります。そのため、顧客が口にしていない、潜在的ニーズを掘り起こして、競争をしないことを目指すのが理想の戦略だと言えます。

顧客分析　顧客の真のニーズ

1. 顧客が口にしていない真のニーズを 3 分で答えを書く。

メモ ✎

顧客の真のニーズ　　　　　3分

Q 顧客が口にしていない真のニーズは何か？

競争力（品質と価格）

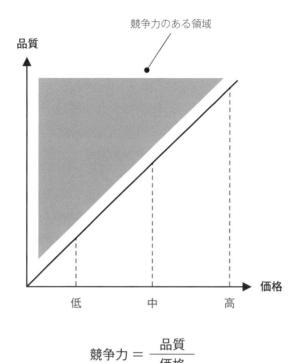

$$競争力 = \frac{品質}{価格}$$

【参考動画】【第 245 回】3C 分析｜久野康成の経営のエッセンス（20：27 - 24：46）
https://youtu.be/NNhvQtWiJ84

企業は、自社が持っておらず、かつ他社が持っているものを過小評価し、他方で自社の持っているものを過大評価する傾向があります（心理学でいう、酸っぱいブドウと甘いレモン）。

　自社の製品・サービスが売れる理由が品質の高さにあると思っていても、本当に顧客がそのように考えているとは限りません。

　いくら高品質でも価格が高すぎては売るのは難しく、逆に品質はそこそこでも低価格であれば簡単に売ることができるかもしれません。
　市場における競争では、品質そのものではなく、「1円当たりの品質」を考えなければなりません。
　これが「競争力」の本質なのです。

　ここは、多くの企業がよく間違えてしまう点です。

　「品質の絶対値」を高めることだけに着目するのではなく、市場には必ず競争があるという観点から「競争力 (＝品質／価格)」を高めていかなければならないことを知る必要があります。

　また、近年、日本企業が抱える問題は、長年にわたり品質競争をしたため、新興国マーケットにおける低価格帯の製品を作ることができなくなったことです。

競合分析

1. 現在の競合をリストアップし、自社とのマーケットの違いや、競争力の現状を15分で考えて書く。

メモ 🖉

現在の競合を規模順に挙げてみましょう。

① _____

② _____

③ _____

④ _____

⑤ _____

⑥ _____

⑦ _____

⑧ _____

⑨ _____

⑩ _____

上記の競合と自社の場所を書き込んでみましょう。

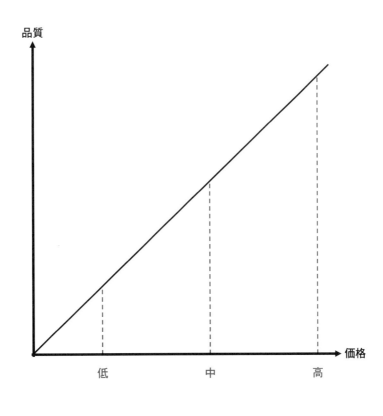

SWOT 分析

1. SWOT 分析の説明を理解し、その後右ページに 20 分で各項目に答えを書く。

	ポジティブ要因	ネガティブ要因
内部環境	強み (Strength)	弱み (Weakness)
外部環境	機会 (Opportunity)	脅威 (Threat)

強み	活かせる強みは？ 人材、資金などの内部リソース 技術・サービス・ブランド力など
弱み	克服すべき弱みは？ 他社と比較して劣っている部分 不足しているもの、ブランド力など
機会	市場機会はあるか？ 事業の追い風となる技術革新 法改正・トレンドの変化など
脅威	回避すべき脅威は？ 事業の逆風となる規制 法改正・トレンドの変化など

【参考動画】【第 257 回】SWOT 分析｜久野康成の経営エッセンス
https://youtu.be/mdlpjgF1Gcs

SWOT 分析　　　　　　　　　　　20分

 あなたが思う自社の「強み」「弱み」「機会」「脅威」はそれぞれ何か。
分からなくても各項目にそれぞれ最低1つ答えを書き、思いつく限り付箋に記載
する。（ここで付箋を使うのは、後にホワイトボードなどで他者の意見と合わせ
て分類するため）

	ポジティブ要因	ネガティブ要因
内部環境	強み (Strength)	弱み (Weakness)
外部環境	機会 (Opportunity)	脅威 (Threat)

クロス SWOT 分析

1. クロス SWOT の説明を理解し、その後右ページに 20 分で各項目の答えを付箋に書く。

	強み (Strength)	弱み (Weakness)
機会 (Opportunity)	「強み」 × 「機会」	「弱み」 × 「機会」
脅威 (Threat)	「強み」 × 「脅威」	「弱み」 × 「脅威」

強み×機会	収益化がしやすい状況であり、戦略を打つ際には、どのようにして利益を最大化できるかを考える。 競争優位性をさらに高める積極的な戦略の立案。
強み×脅威	強みを生かして、脅威の中で生き残れるような差別化ポイントを探していく必要がある。 より強みを強調できる方法を探すのも大切。
弱み×機会	外部環境には恵まれているものの、弱みが事業展開における負の状況。 マーケット自体にはチャンスがあるので、成功すれば「強み×機会」の状態まで変化させることが可能。
弱み×脅威	事業縮小案件。 収益化はほとんど望めないため、以下にダメージを少なく抑えるかを考える必要がある。

【参考動画】【第 258 回】クロス SWOT 分析｜久野康成の経営エッセンス
https://youtu.be/Szxd5n_DrNY

クロス SWOT 分析 20分

 あなたが思う自社の「強み×機会」「強み×脅威」「弱み×機会」「弱み×脅威」の戦略はそれぞれ何か。
分からなくても各項目にそれぞれ最低1つ答えを書き、思いつく限り付箋に記載する。

	強み (Strength)	弱み (Weakness)
機会 (Opportunity)	「強み」×「機会」	「弱み」×「機会」
脅威 (Threat)	「強み」×「脅威」	「弱み」×「脅威」

PPM（プロダクト・ポートフォリオ・マネジメント）分析

1. PPM の説明を理解し、その後右ページに 10 分で各項目の答えを付箋に書く。

高 ↑	花形 (Star)	問題児 (Problem Child)
市場成長率	金のなる木 (Cash Cow)	負け犬 (Poor Dog)
低		

高 ← 市場占有率 → 低

問題児	高成長市場でシェアが低い戦略的事業単位 成長市場であるため、投資が必要で、利益が出にくい状態 シェアを高められれば、将来的に花形や金のなる木になる可能性がある 資金を投入し、「花形」に育成するか否か、不可能ならば縮小・撤退の検討を行う
花形	高成長率の市場において、高いシェアを獲得している戦略的事業単位 投資は必要であるものの、利益は出しやすい状態 市場成長率が高いために競争が激しい状態 市場が成熟した段階になれば、「金のなる木」として他の戦略的事業を支えることが可能
金のなる木	成長が止まった成熟市場にあり、高いシェアを維持している戦略的事業単位 大きな投資を必要とせず、安定した利益が出やすい状態 ここで稼いだ利益を「問題児」や「花形」の事業に振り分けていく必要がある
負け犬	低成長率・低シェアの戦略的事業単位 低成長市場で投資は必要としないものの、シェアも低いため利益も出にくい状態 いかにロスなく撤退するかの検討が必要

【参考動画】【第 259 回】PPM 分析｜久野康成の経営のエッセンス
https://youtu.be/bWTDHZqZXw0

❶ PPM 分析の各欄に該当する内容を記載する。
分からなくても最低1つ答えを書き、思いつく限り付箋に記載する。
❷ 1人ずつ、発表する（書いたものを読む）。
❸ 1つの用紙に発表した付箋をカテゴリー分けし、貼り付けていく。

	花形 (Star)	問題児 (Problem Child)
高 ↑ 市場成長率		
低	金のなる木 (Cash Cow)	負け犬 (Poor Dog)

高 ← 市場占有率 低

アンゾフの成長マトリックス

1. アンゾフのマトリックスの説明を理解し、その後右ページに15分で各項目に答えを書く。

現状		商品・製品・サービス	
		既存	新規
市場	既存	①市場浸透戦略	②新商品開発戦略
	新規	③新規開拓戦略	④多角化戦略

①市場浸透戦略：既存顧客の購買数・ロット数の増加、リピート率を高める。

②新商品開発：既存顧客に関連商品や機能追加商品を販売する。

③新規開拓戦略：海外進出や顧客ターゲット層の変更を行ない、新規顧客に既存の製品を販売する。

④多角化戦略：新たな収益機会を得る。新規顧客に新商品を販売する。

【参考動画】【第260回】アンゾフの成長マトリックス｜久野康成の経営のエッセンス
https://youtu.be/SGSqzhGmkDg

Q

❶ 10 年後の売上高目標はいくらですか？　　　　　　　　　＿＿＿＿＿＿ 百万円

❷ 3 年後の売上高目標はいくらですか？　　　　　　　　　＿＿＿＿＿＿ 百万円

❸ 1 年後の売上高目標はいくらですか？　　　　　　　　　＿＿＿＿＿＿ 百万円

❹ 現状の売上高（直前決算期）はいくらですか？　　　　　＿＿＿＿＿＿ 百万円

❺ 現状からの 10 年後の売上高増加率は何％ですか？　　　　＿＿＿＿＿＿ ％

❻ 現状からの 3 年後の売上高増加率は何％ですか？　　　　　＿＿＿＿＿＿ ％

❼ 現状からの 1 年後の売上高増加率は何％ですか？　　　　　＿＿＿＿＿＿ ％

❽ 現状からの 10 年後の売上増加率（上記 5）は以下の①、②、③、④でそれぞれ何％ずつアップさせればよいですか？

※それぞれのパーセンテージの合計が、売上増加率に一致するようにしてください。

10 年後		商品・製品・サービス	
		既存	新規
市場	既存	①市場浸透戦略 (＿＿＿＿＿＿)％	②新商品開発戦略 (＿＿＿＿＿＿)％
	新規	③新規開拓戦略 (＿＿＿＿＿＿)％	④多角化戦略 (＿＿＿＿＿＿)％

❾ 現状からの 3 年後の売上増加率（上記 6）は以下の①、②、③、④でそれぞれ何％ずつアップさせればよいですか？

3 年後		商品・製品・サービス	
		既存	新規
市場	既存	①市場浸透戦略 (＿＿＿＿＿＿)％	②新商品開発戦略 (＿＿＿＿＿＿)％
	新規	③新規開拓戦略 (＿＿＿＿＿＿)％	④多角化戦略 (＿＿＿＿＿＿)％

❿ 現状からの 1 年後の売上増加率（上記 7）は以下の①、②、③、④でそれぞれ何％ずつアップさせればよいですか？

1 年後		商品・製品・サービス	
		既存	新規
市場	既存	①市場浸透戦略 (＿＿＿＿＿＿)％	②新商品開発戦略 (＿＿＿＿＿＿)％
	新規	③新規開拓戦略 (＿＿＿＿＿＿)％	④多角化戦略 (＿＿＿＿＿＿)％

戦略の必要条件・十分条件

> **戦略とは競合優位性を活用し、定められた目的を**
> **継続的に達成し得る整合的な施策群のまとまり**

	必要条件		十分条件
目的	戦略の目的が明確に設定されていること	**整合性**	具体的な戦略施策が、それそれ整合性がとれていること
具体的施策	組織・社員の行動が具体的なアクションプランとして示されていること	**優位性**	自社独自の強みによって、競合よりも優位になっていること
競合	競合競合他社の存在と対応を念頭において戦略を立てていること	**持続性**	持続的効果をもたらすものであること

【参考動画】【第 46 回】戦略の本質｜久野康成の経営のエッセンス
https://youtu.be/s-gjzlavGV4

戦略の必要条件として、「目的」・「施策」・「競合」の３つがあります。

　戦略は、何らかの「目的」の達成手段と考えられますので、そもそも何のための戦略かという「目的」が必要となります。

　２番目の「施策」は、戦略が具体的にアクションプランとして実行されるものである必要があるということです。

　また、戦略の３つ目の必要条件として、「競合」を考え、どのように勝つかという戦略が必要となります。競合が存在している前提で考えることが必要となります。

　必要条件に加え、戦略が有効であるための十分条件も存在します。

　これは、「整合性」・「優位性」・「持続性」の３点です。

　戦略の「整合性」とは、一貫性のない戦略をとってはいけないということです。

　ある戦略が別の戦略の遂行と矛盾していてはうまくいきません。また、戦略を実行するのは組織です。通常は、戦略を「主」として、それを実行する組織を「従」と捉えますが、逆に組織が戦略策定の制約になることがあり、戦略と組織の間でもまた整合性が求められます。

　２番目の、「優位性」とは、例えば差別化戦略など、競合との比較でより優位である戦略であることが求められます。

　３番目の「持続性」とは、戦略の有効性がある程度長い期間にわたって持続することを意味します。つまり、競合が簡単に追随できる戦略は、持続性がないと言えます。代表的な持続性のない戦略が安売戦略です。値段を下げても、競合も簡単に追随できるので、その有効性は長続きしません。

　この「持続性」について、もう少し深く考えてみたいと思います。

　持続性を高めるには、戦略そのものよりも組織の方が重要となってきます。

　真のノウハウは、戦略ではなく組織に宿ります。例えば企業文化といった、長い時間をかけて人を育てて培っていかなければならないものなどがカギになります。

　戦略を、企業文化レベルにまで引き上げてしまうと競合が簡単には追随できません。

　誰かが作った戦略は簡単に真似されやすいですが、文化形成は非常に時間がかかるためすぐに真似ることは簡単ではありません。つまり、「優位性」という点のみに着目すると短期的な戦略になりやすく、「持続性」という点も含めて考えると長期軸での戦略策定ができます。

　究極的に強い戦略は、長期的に優位性が持続可能なものであり、組織戦略として文化形成に行き着くと言えるでしょう。これが真の組織力といっても過言ではありません。

1. 10分で各項目に答えを書く。

メモ ✏

Q 10年後の売上目標を達成するための新たな戦略は何ですか？

Q この戦略は、他社と比較してどのような優位性がありますか？

-
-
-
-
-
-
-

Q この戦略を競合他社が真似できない理由は何ですか？

-
-
-
-
-
-
-

Column 4　創業者と２代目以降の経営者　- 起業家と企業家 -

私は、創業経営者としてゼロから会社を立ち上げました。
創業時は、とにかく、売上を上げることが先決です。
売上が無ければ直ぐに会社は倒産します。
創業時の常に「倒産」の２文字が付きまとう恐怖心は、今も忘れません。
創業者にとって、何もしないこと、現状維持こそ最大のリスクです。

２代目以降の経営者は、守るべき事業が既に存在しています。
新しい何かをすることは、イノベーションの機会であることは理解していても、同時に新しいことを始めるのはリスクと考えます。

この思考法は、創業者と真逆です。

創業者は、やらないことがリスクと感じ、
２代目以降は、新しいことをやることがリスクと思うことがあります。

この結果、２代目以降の経営者は、イノベーションの機会を失い、既に事業は成熟期に入り、衰退期が見えているにもかかわらず、
　・会社は安定している
　・今の状態が続けばいい
　・会社を大きくするつもりはない
　・海外に進出するつもりはない
などと考えて、結局、変化を嫌い、会社を「衰退」に導いてしまいます。

自分が「起業家」にならなくとも「企業家」になり、「企業家精神」を持つことは可能です。

企業家精神とは、創業者ではない、全ての経営者が身につけるものなのです。

【PART ④】

利益計画・予算策定

予算は利益率から作る

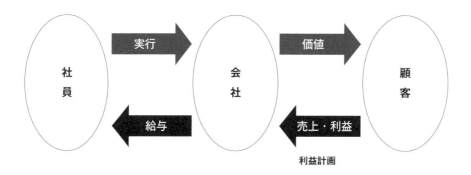

利益計画

[サンプル事例]

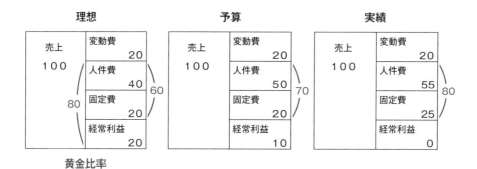

黄金比率

$$結果 = 戦略 \times 実行$$

P×Q	P	×	Q
金額	単価		数量

【参考動画】【第111回】
予算は利益率から作る〜ブロック図の考え方〜｜久野康成の経営のエッセンス
https://youtu.be/xMYWnMrqw00

通常予算は、金額を決定することだと考えますが、比率を先に決定することが重要です。

　ブロック図で考えると、まず、黄金比率を決めることが重要です。
　例えば、売上100に対して、変動費20、固定費60、経常利益20とすると、2：6：2の比率を理想とします。すぐに理想に近づけられない時には、予算の構成比は途中経過の目標として、例えば、売上100に対して、変動費20、固定費70、経常利益10で、2：7：1の比率が現実的予算として中期的に比率の変化を目指します。

　次に、現実的な予算の比率を理想に近づけるためには、何を行ったら良いか？　単純に人件費を下げれば、人件費比率も下がりますが、付加価値となる商品を開発することにより、人件費は下げなくても売上に対する人件費比率を下げることも可能です。
　金額を変えるのではなく、比率を変えることを考えると、例えば利益の比率10を20にするには、どのようなセールスミックスにするのか？　既存商品の組み合わせや、高付加価値商品の開発を考えることになります。

　実績についても、比率を確認し、例えば売上100に対して変動費20、固定費80、経常利益0で、2：8：0の比率になった場合、これは何が原因なのかを考える時は、利益率から考える必要があります。

　金額ベースで予算を作成すると、最後に予算が未達になりそうになると、単価を下げて数量を増加させて、何とか予算を達成させようとします。その結果、利益率がかなり下がるだけでなく、値下げが恒常化される恐れがあります。

　つまり、売上予算を達成しても、利益は未達になることが起きます。
　これが、利益管理の難しさであり、利益の達成よりも、売上の達成が主たる目標になる傾向が生じます。利益の確保を、予算管理の目的にすることが重要です。
　何をいくらで売るのかつまり、単価の決定が戦略であり、社員の実行は数量の変化に相当します。

　値引きをしたら、いかに利益に悪影響を与える問題が起きるかを考えることが大切です。

黄金比率

---

1. ブロック図の説明を理解し、その後右ページに30分で各項目に答えを書く。

---

①売上高	②変動費		
	③限界利益	④固定費	⑤人件費
			⑥経費
		⑦経常利益	

①1年間の売上金額となります。

　「限界利益＝売上高 - 変動費」

　「経常利益＝限界利益 - 固定費」

　固定費は人件費と経費の合計となります。

②売上高が増減すると支払う額も変動する費用を変動費といいます。

　（例：商品仕入、材料仕入、外注費など。業種によって異なります。）

③限界利益は売上高と変動費の差額で、PL の売上総利益や営業利益とイコールには
　なりません。

　「限界」とは「ぎりぎりの」という意味ではなく、「1単位追加で増加する」という
　意味です。

④売上の増減に比例せずに発生する費用を固定費といいます。

　（固定費は人件費とそれ以外の経費を区別します。）

⑤人件費は「給与、賞与、退職金」などが含まれます。

⑥経費には「賃料、交際費、交通費、広告宣伝費」などが含まれます。

　（本業以外で得る収益や費用を差し引きしたものも含みます。）

【参考動画】【第261回】黄金比率 | 久野康成の経営のエッセンス
https://youtu.be/OG_9MYdaIOQ

❶ 下記ブロック図の①～③、⑤～⑦に直近決算期での金額を概算で記載してください。

❷ 下記ブロック図の②、③、⑤～⑦に売上高に対する比率を計算して記載してください。

【現状のブロック図】

	②変動費 金額：＿＿＿＿＿＿百万円 比率：＿＿＿＿＿＿％		
①売上高 金額：＿＿＿＿＿＿百万円 売上高に対する比率：100%	③限界利益 金額：＿＿＿＿＿＿百万円 比率：＿＿＿＿＿＿％	④固定費	⑤人件費 金額：＿＿＿＿＿＿百万円 比率：＿＿＿＿＿＿％
			⑥経費 金額：＿＿＿＿＿＿百万円 比率：＿＿＿＿＿＿％
			⑦経常利益 金額：＿＿＿＿＿＿百万円 比率：＿＿＿＿＿＿％

❸ それぞれの比率は何％になるのが理想ですか？　（＝黄金比率）

❹ 下図に1年後の目標売上高に黄金比率を乗じて金額を記載してください。金額は百万円単位で丸めてください。

【再考した1年後の予算と黄金比率】

	②変動費 金額：＿＿＿＿＿＿百万円 比率：＿＿＿＿＿＿％		
①売上高 金額：＿＿＿＿＿＿百万円 売上高に対する比率：100%	③限界利益 金額：＿＿＿＿＿＿百万円 比率：＿＿＿＿＿＿％	④固定費	⑤人件費 金額：＿＿＿＿＿＿百万円 比率：＿＿＿＿＿＿％
			⑥経費 金額：＿＿＿＿＿＿百万円 比率：＿＿＿＿＿＿％
			⑦経常利益 金額：＿＿＿＿＿＿百万円 比率：＿＿＿＿＿＿％

久野式 8 マス計画書

1. この計画書は、世の中で言われている"計画づくり"のためのものではなく、"行動"を変えていくための計画書。

2. まず、決定した売上高を 100 とした場合に、変動費、人件費、その他経費の割合をどのようにするかを決定する。

   注）全社で作成する場合は営業外収益・費用を入れた経常利益まで作成しますが、事業部単位であれば営業利益までを作成する。

   注）部門別で計画書を作成する場合、全部門の合計が全体予算の 1.5 倍程度になる挑戦目標を設定する。

   注）記載する金額の単位は、千万円単位。小さな単位は経営判断には影響しない。

3. 年間の予算目標を決定したら、次に各月の前年実績の列の当月、累計に数値を記載する。

4. 各月の前年実績を入れたら、次に目標の列の当月、累計に数値を記載する。

5. 最後に、各月の翌年目標の列の当月、累計に数値を記載する。

6. 1 カ月が終わったら、実績の列の単月、累計の欄に数値を記載する。

   ※分析のポイント

   ①目的は予算達成ではなく、会社にイノベーションを起こしていくことで、そのための仕組みづくりをしていくこと。

   ②毎月の実績については、季節変動、たまたま大口の取引があったなどイレギュラーな要因も起こるため、単月だけではなく累計で達成に近づいているかをチェックするのがポイント。

   ③今月の予算達成に一喜一憂していては、会社は成長していかない。

   目の前の予算に囚われることなく、翌年目標達成に向けての種まきがしっかりと行われているかをチェックする。

【参考動画】【第 109 回】久野式 8 マス計画書｜久野康成の経営のエッセンス
https://youtu.be/AsuXOJk12-c

【久野式8マス計画書　サンプル】

項目名	年間目標		翌年目標				1月			
	金額	比率	金額	比率			前年	目標	実績	翌年
売上高	2,000	100.0%	2,500	100.0%		単月	130	150	153	200
						累計	130	150	153	200
変動費	1,000	50.0%	1,200	48.0%		単月	72	75	76	95
						累計	72	75	76	95
限界利益	1,000	50.0%	1,300	52.0%		単月	58	75	77	105
						累計	58	75	77	105
人件費	580	29.0%	620	24.8%		単月	50	51	51	53
						累計	50	51	51	53
その他経費	200	10.0%	230	9.2%		単月	18	17	18	18
						累計	18	17	18	18
固定費計	780	39.0%	850	34.0%		単月	68	68	69	71
						累計	68	68	69	71
営業利益	220	11.0%	450	18.0%		単月	▲10	7	8	34
						累計	▲10	7	8	34
営業外収益	10	0.5%	10	0.4%		単月	1	1	0	1
						累計	1	1	0	1
営業外費用	30	1.5%	40	1.6%		単月	3	2	3	3
						累計	3	2	3	3
経常利益	200	10.0%	420	16.8%		単月	▲12	6	5	32
						累計	▲12	6	5	32
損益分岐点比率		80%		68%			121%	92%	94%	70%
労働生産性		1.7		2.1			1.2	1.5	1.5	2.0
変動費率		50%		48%			55%	50%	50%	48%
1人当たり売上		33		42			2.2	2.5	2.6	3.3
1人当たり限界利益		17		22			1.0	1.3	1.3	1.8
1人当たり経常利益		3		7			▲0.2	0.1	0.1	0.5
前年対比売上率		125%		125%			94%	115%	118%	133%
1人当たり顧客数		7		8			5.6	7.0	6.8	7.8

［注記］社員を60人とした場合

項目名	年間目標		翌年目標			1月			
	金額	比率	金額	比率		前年	目標	実績	翌年
売上高					単月				
					累計				
変動費					単月				
					累計				
限界利益					単月				
					累計				
人件費					単月				
					累計				
その他経費					単月				
					累計				
固定費計					単月				
					累計				
営業利益					単月				
					累計				
営業外収益					単月				
					累計				
営業外費用					単月				
					累計				
経常利益					単月				
					累計				
損益分岐点比率									
労働生産性									
変動費率									
1人当たり売上									
1人当たり限界利益									
1人当たり経常利益									
前年対比売上率									
1人当たり顧客数									
KGI①									
KGI②									
KPI①									
KPI②									

★ KGI と KPI については後述。

★ 12 カ月分を入力して完成させる。

★ Excel フォーマットを 138 ページ動画よりダウンロード可能

【PART ⑤】

アクションプラン

KGI と KPI で短期で成果を出す方法

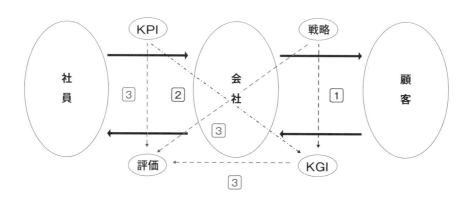

1 戦略から KGI を設定

2 KGI 達成のためのボトルネックとして行動指標である KPI 設定

3 社員へのフィードバック〔戦略・行動（KPI）・結果（KGI）〕

①ボトルネックは何か？

②テーマは何か？

③ KGI（Key Goal Indicator） と KPI（Key Performance Indicator）

④評価制度（短期）

⑤ PDC（KGI ／ KPI の見直し）（四半期）

【参考動画】
【第 44 回】KGI と KPI で短期で成果を出す方法｜久野康成の経営のエッセンス
https://youtu.be/FOQc_-xCUaw

KGI（Key Goal Indicator）重要目標達成指標と

KPI（Key Performance Indicator）重要行動指標を使って、短期的に成果を出す方法を学びます。

短期よりも長期のほうが重要ですが、長期の成長のみにフォーカスすると短期の成果がおろそかになってしまいます。

そのために、ここでは、短期に成果を出すためのコンセプトを学んでいきます。

KGIは、左図の3つの輪のコンセプトにおける右下の売上・利益に結び付きます。例えば、戦略的に特定の商品を売り出していこうとした場合のその商品の売上高などが当てはまります。

KGIを達成するためには、達成するためのボトルネックと思われるKPIを設定し、社員の行動を計量可能なものにすることです。上記のKGIを例としてみたときに該当商品の見積提出件数などが当てはまります。

KPIが変化すると、KGIが変化するような因果関係が必要です。

数値の決定においては、ボトルネックは何かを第一に考えます。

ボトルネックとは、結果を変化させるために最も障害となっているものを指します。

効率的に結果を変化させるためには、「あれもこれも」ではなく、最も効果的な1点にフォーカスすることが重要です。

この指標がKGI/KPIとなり、常に自分がモニタリングする対象となります。

更にこれを評価制度の中にも組み込むことができます。

このKGI/KPIの見直しは原則、四半期単位で行います。

戦略と KGI と KPI の関係について

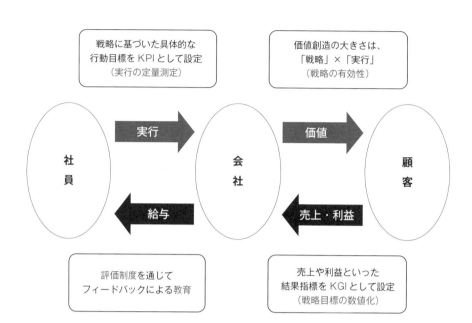

理念、ビジョン、戦略を共有した上で、次に「定量目標」と具体的なアクションプランに落とし込みます。

　定量目標はKGIとして設定され、アクションプランはKPIによって、生産性の管理をします。

1. KGI（Key Goal Indicator）重要目標達成指標を設定します。
   KGIは、売上や利益などの財務上の結果指標ですが、全体の売上や利益ではなく、策定した戦略から、売上や利益に影響を与える重要な財務上の結果指標です。
   例えば、戦略商品の売上高、セールスミックス（売上構成比率）、粗利益率等です。

2. KPI（Key Performance Indicator）重要行動指標を設定します。
   KPIは、KGIを達成するための行動を定量化したもので、結果に対する原因指標です。
   非財務指標であり、社員の行動に結びつくので、直接コントロールできます。
   例えば、顧客訪問件数、見積件数等です。

KGI と KPI の設定

1. KGI と KPI の設定は、KPI の行動変化と KGI の結果指標の変化がリンクするように落とし込むことがポイントです。日常業務の全部に設定するのではなく、「ボトルネックは何か？」「戦略的に何をしようとしているか？」といった点にフォーカスしてください（以下の例を参考に）。

〈全体〉

	項目	目標
KGI	粗利益率	50%

〈各部門〉

（営業部門）	項目名	目標
KGI	粗利益率	50%
KPI	新規提案件数	80 件 / 月
	新規見積件数	50 件 / 月

（製造部門）	項目名	目標
KGI	粗利益率	50%
KPI	内部製造比率	90%
	残業時間	10 時間 / 月

2. 各自で考えた KGI、KPI 案を発表し司会者がホワイトボードに書きます。その中から、採用するものを決めます。各自が変更の提案と明確化の質問を行い、最終的にどれにするかを決定します。
3. 戦略的に売上、利益の達成に効果的な重要性の高い案を採用します。
4. KPI は、毎週進捗会議でフィードバックを行い検証し、KGI は毎月戦略会議で有効性を検証し、必要があれば修正します（原則は四半期単位)。

KGI と KPI の設定　　　　　20分

〈全体〉

	項目	目標
KGI		

〈各部門〉

(　　　)	項目名	目標
KGI		
KPI		

(　　　)	項目名	目標
KGI		
KPI		

(　　　)	項目名	目標
KGI		
KPI		

(　　　)	項目名	目標
KGI		
KPI		

1. 右ページの質問に 5 分で考えて答えを書く。

メモ ✎

Q ❶ あなたは設定した KGI、KPI、そして、予算を 100% 達成できるという
確信を持つことができますか？

Q ❷ 確信が持てない場合は、その理由は何ですか？

Q ❸ 予算を達成するために他部門からどんなサポートを必要としますか？

確信が持てない場合は、前に戻って戦略、KGI、KPI の修正をしてください。

人から仕組みへの事業承継

全ての企業は、いつか事業承継の問題に直面します。
事業承継で特に難しいのは、初代のカリスマ創業者から、2代目の経営者へのバトンタッチです。

事業承継問題に直面するという意味は、既に社歴が数十年もあるということです。
事業承継は、主にご子息か社員が2代目となることが通常ですが、これができなかった場合、M＆Aによる事業売却を考える経営者が多くなりました。

いずれにしても事業承継は、資本承継より、事業の承継、つまり、「人を育て、人に任せる」ということが最大のテーマになります。

ここでカリスマ創業者が直面する問題は、自分と比較したときの承継者の不甲斐なさです。
つまり、「今のままでは、任せられない」と思うのです。
やがて、創業者も歳をとり、承継に待ったなしの状態が来ます。
結局、せっかく自分が育てた会社をM＆Aで売却せざるを得ない状態になります。

売却は最後の手段であり、経営者の仕事は、次の経営者を育てることです。

育てることが苦手な経営者は、「人が人を育てる」という罠に落ちています。
私は、人ではなく、「仕組」を育てることで、この罠から抜け出ることができました。

人は育てても、辞めてしまえば一からやり直しです。

しかし、仕組みは辞めません。育ち続けます。
創業者が持っている「暗黙知」を仕組みとして「形式知」に変えることです。

これが「標準化」、「仕組化」の本質です。

幹部を巻き込んで、マネジメントを仕組化させること。
この過程の中で幹部は、経営を考えるようになります。

経営者の意思決定を実行することが自分の仕事ではなく、経営者と共に経営することが幹部の仕事と認識させるのです。

【参考動画】【第262回】人から仕組みへの事業継承｜久野康成の経営のエッセンス
https://youtu.be/sAp5G6eQ8zk

【PART ⑥】

進捗会議

2

戦略会議と進捗会議

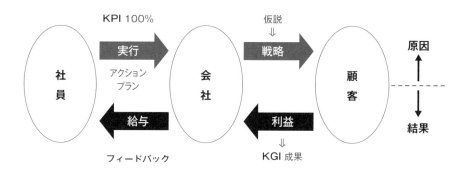

【参考動画】【第243回】戦略会議と進捗会議｜久野康成の経営のエッセンス
https://youtu.be/Cp4OdGVpeQs

経営は複雑なものですが、

「成果＝戦略×実行」という公式でシンプルに考えてみたいと思います。

　経営における成果というのは、「利益がどれだけ出るか」ということですが、これは“戦略上の問題”と“実行上の問題”の2つに分けることができます。

　成果とは目標設定でもあり、その目標を達成するための手段が戦略、それを実行させるために組織が存在しています。

　このように考えると、経営における成果とは、「戦略論の問題」と「組織論の問題」、もしくは「目標設定そのものの問題」と分けることができるのです。

　今の成果の達成度は月次決算を通じて知ることができます。

　図にあるように、月次決算とは顧客から会社に向かう「左向きのベクトル」であり、経営の結果を表すものです。

　一方で「右向きのベクトル」は経営の原因を示しており、顧客に対して会社がどのような価値を提供するのかを決めていく“戦略”と、社員（組織）がどれだけその戦略を“実行”したのかという、戦略と実行の2つに分解することができます。

　戦略は立案しても、実行しない限りは本当に有効なのか否かを検証できないという問題があります。そのため、成果が出なかった場合、原因が戦略上の問題なのか、実行上の問題なのかが、簡単には分かりません。

　もし、立案した戦略が100%実行され、良い成果が出たのであれば、その戦略は正しかったと検証できます。反対に、100%実行されたにも関わらず、成果が出ていないのであれば、戦略上の問題があったと検証できるのです。

　つまり、戦略を検証するためには実行度が最初に分からなければいけないのです。

　この実行度の検証は、ミドルマネジメントが行う傾向の検証であるため、週1回、進捗会議という形で行うことが良いと考えています。これは戦略目標であるKGIに対して、それを達成するための実行度（KPI）を検証することです。

　もし、この実行度の検証を月1回で行った場合は実行の修正が遅れ、また、日々の検証にしてしまうと戦略ではなく、戦術的な修正になってしまいます。

　週次の進捗会議を通じて十分に実行度が検証されることで、月次決算での成果を基に行う月1回の戦略会議を通じて、戦略は修正すべきポイントがあるかどうかを継続的に検討していくのです。

目的：

　進捗会議では実行度（KPI）の検証を行います。

　基本的に週単位の PDCA サイクルを回すことにより実践します。

　これまで、戦略策定・予算策定・KGI/KPI の決定で定性目標を共有し理解したうえで、定量目標、さらに具体的なアクションプランに落とし込みました。

　KGI は結果指標のため、モニタリングはできてもそれ自体を直接コントロールすることできませんが、KPI は結果に対する原因指標であり、直接コントロールできます。

　アクションプランは KPI によって生産性の管理がなされます。

　KGI は財務指標、KPI は非財務指標で社員の行動指標となります。

　戦略策定のページで設定された戦略の有効性を検証するためには、

　①当初予定されていた通り実行（KPI）されること

　②予定していた通りの結果（KGI）が出ること

　の 2 つの条件が必要になります。

　進捗会議では、当初予定されていた通り実行されたかどうか、KPI の検証を行うことになります。

手順：

1. 配布された進捗会議フォーマットに部署 / 部門 / チーム単位で決められた KPI をあらかじめ会議前に書き込んでおきましょう。
2. 全ての部門の発表を 30 分以内に終了できるように、時間配分も先に決めておきましょう。
3. 毎週、何曜日何時から開催するかを決めて書き込んでおきましょう。

	項目名	期間	目標値
KGI	例：新規顧客取引金額	月間	20百万円
	KGI:		
KPI	例：営業件数	月間	60件
	KPI A:		
	KPI B:		
	KPI C:		

		第1週	第2週	第3週	第4週
KGI	目標				
	実績				
KPI A	目標				
	実績				
KPI B	目標				
	実績				
KPI C	目標				
	実績				

KPI の進捗発表

目的：

　進捗会議では、当初予定されていた通り実行されたかどうかの検証を行うことになります。今週の目標とそれに対する実行度合いとその要因を簡潔に発表し、次週の実行への指針とします。

　最後に既に決定された KPI の修正が必要な場合は、ワークブックに従って申し出てください。

会議のルール：

　ルール＃1：発表者はスムーズに発表できるよう、あらかじめ下記のワークシートに書き込んでおきましょう。

　ルール＃2：司会者は週ごとに持ち回りになります。会議の終わりに次週の司会者を決めましょう。

メモ

発表用ワークシート

① (担当名)＿＿＿＿＿＿＿＿＿＿の今週の KGI/KPI をご報告いたします。

② KGI (項目名)＿＿＿＿＿は、予定＿＿＿＿で実績は＿＿＿＿でした。
　達成率は＿＿＿＿％です。
　KPI (項目名)＿＿＿＿＿は、予定＿＿＿＿件で実績は＿＿＿＿件でした。
　達成率は＿＿＿＿％です。

③上記の結果の原因はアクションプラン（行動計画）が＿＿＿＿＿＿＿＿に対し、
　実績は＿＿＿＿＿＿＿＿＿＿＿＿＿＿であったためです。

④これを踏まえて、今週のアクションプランは＿＿＿＿＿＿＿＿を行っていきます。

⑤また、その行動を実践することにより、KPI が＿＿＿＿＿＿件上昇すると考えます。

⑥なぜなら、＿＿＿＿＿＿＿＿＿＿＿＿＿＿＿＿＿＿＿＿＿＿になるからです。

⑦アクションプランは具体的には……

　・何のために→目的＿＿＿＿＿＿＿＿＿＿＿＿＿＿＿＿＿＿＿のために
　・いつスタート→スタート日と時間＿＿＿月＿＿＿日＿＿＿時に
　・いつまでにやりきるか→ゴールとする日と時間＿＿＿月＿＿＿日＿＿＿時までに
　・誰が→特定の個人＿＿＿＿＿＿＿＿が
　・どこで→管理表、場（イベント）、場所＿＿＿＿＿＿＿＿で
　・どの様に→具体的なやり方＿＿＿＿＿＿＿＿のやり方で
　・どれくらいに→質、スピード感＿＿＿＿＿＿＿＿というレベルで

　※アクションプランは自身の努力または部門の協力により変化できることが条件。

発表者へのフィードバック

1. 司会者は発表者の発表が終わったら、以下の質問・提案を参考にしてフィードバックを行います。

2. 発表者／司会者以外の参加者は次ページのフォーマットを参考にして質問及び提案をしましょう。

✎ メモ

発表者へのフィードバック

フィードバック用ワークシート

　下記質問・提案内容は一例なので、この質問をすればもっと成果が上がると思った質問・提案であれば何でも OK です。

【司会者】

【質問】
　発表者の発表④〜⑦（番号は 157 ページのもの）に対して、確信を持つことができますか？
　持てない場合は、その理由は何ですか？
　また、他部門からどんなサポートを必要としますか？

※適宜、付箋を用いて全員に対して意見を求めると会議が活性化します。

【質問者】

【質問】
質問です。
○○が□□になる根拠は△△だと思いますが、いかがですか？

【提案】
提案です。
○○を□□にすればいいと思います。なぜなら、△△になると考えるからです。

Column 6 自ら責任範囲を広げる　- 幹部の真の役割 -

幹部は、役職ではありません。

どんなに高い役職を与えたとしても、本人が幹部としての自覚がない限り、
「社長が決めたことを実行する人」と自分を定義します。

本人は、「社長から言われたことは、やっている」と思っているかもしれませんが、
社長からすれば、「言われたことしかやっていない人」になります。

では、幹部とは、何をすることが仕事なのでしょうか？
私は、社長と共に経営をする人、経営の意思決定をサポートする人だと思っています。

将来、社長になる人材は、自分の役職ではなく、社長と同じ責任範囲で考え、行動をしている人
です。
社長になる前から、社長と同じ思考と行動をとっている人が結果として社長に昇進するのです。

短期的に考えれば、「権限＝責任」と言えます。
権限と責任は、役職によって決まります。

しかし、有能な幹部は、社長と同じ責任範囲で考え行動してくれる人です。
この場合、「権限≦責任」となります。

人間は、自ら責任範囲を広げることを嫌います。
幹部が責任範囲を広げなければ、社長の負担が増えるばかりです。

幹部が自ら責任範囲を広げなければ、自部門のことしか考えず、経営会議を行っても他部門に対
して意見を言うことができず、社長ばかりが話している状態になります。
本書で言う「戦略会議」は、幹部が社長と同じ責任範囲で考えて発言することが前提となります。

第3部

「強い組織」にする久野式評価制度

　経営者にとって、評価制度は厄介なものです。

　社員にとっても、年に1度、または2度の評価面談を通じて、社員を評価し査定することは、社員が不満を抱く瞬間でもあります。

　できない社員ほど、自己評価が高く、会社からの評価に納得しません。

　これは、「ダニング・クルーガー効果」と呼ばれるものです。

　できない社員は、自分ができないことにも気がつかないのです。

　しかし、中小企業の経営者は、基本的に最高の組織の状態で経営ができる訳ではありません。これを前提に、どのような評価制度を通じて社員が育つのかを考える必要があります。

　上司は、評価の正当性を社員に示して納得してもらうためには、自己評価が高いできない社員に対して、「どこが悪いのか」をフィードバックしなければいけません。

　上司が正しくても、部下は納得しないのです。

　「自分は、こんなに頑張っているのに会社は認めてくれない」

　「結局、認められている人間は、社長に取り入ったイエスマンばかりだ」

　客観的評価より自己評価が高い社員は、常に不満を持つのです。

　結局、上司が評価制度を通じて行う仕事は、

　「なぜ、あなたは仕事ができないのか?」を説明することになります。

　しかし、これを通じて社員がモチベーションアップするとは考えられません。

　つまり、上司にとって、評価をフィードバックすることは、部下のモチベーションがダウンする要因となるのです。こんなことは、できれば避けて通りたいと思うのは当然です。

　中小企業に、どれだけの数「できる社員」が存在するというのでしょうか?

　経営とは、人の一生のごとく、重荷を背負って遠い旅路を行くようなもので、不自由は常にあります。

　できる社員が沢山いるのなら、既に中小企業は卒業しているのです。

　私が、1人で独立した時、ハローワークに募集を出しました。応募者は既に当社が定年と定めていた年齢を上回った人ばかりが来られました。私より30歳以上歳が離れていました。

　これでは組織を作れないと思い大学生のアルバイトを雇いましたが、定着しません。

　また、学生も大学を卒業して、他に社員もいないような会計事務所に就職したいと思いませ

ん。当社に入社してくれると期待していた学生も「就職先が決まりました」といってバイトを辞めました。

　私も人の子なので、ついつい愚痴が出てしまいます。
　かつて働いていた監査法人の上司に今の自分の現状について愚痴を言ってしまいました。
　元上司から「それが、お前の限界だ！」と言われました。

　この言葉で『全ては自分の問題』と気づかされました。

　部下に問題はありません。『全ては経営者である私の問題』だったのです。
　1人で会社を興したのも自分の意思であり、今の経営環境にいるのも自分の意思によるものです。

　しかし、社員は、客観的評価、透明性のある評価、自分の将来の賃金水準を知りたくなるものです。これを経営者が提供しなければ、能力ある社員が会社を去ってしまうリスクは当然あります。

　従って、経営者の危惧はあっても、会社が次のステージに進むためには、客観的な「評価制度の導入」は避けては通れないものです。

　そこで、経営者は決断を行い、一般的に大企業で用いられているような評価制度を誤って導入することがあります。
　これが会社を崩壊させる誤った評価制度と言えます。

　中小企業が誤った評価制度を作って運用すると、会社自体が破壊的なダメージを受けることがあります。

　社員は会社に対して、次のように思います。
・今の自分が正しく評価されたい
・未来の自分の給料がどう変わっていくのかを知りたい

　しかし、経営者は評価制度の導入に対して次のように危惧します。

　賃金の上昇に歯止めが利かなくなるのではないか？

　企業には良い時も悪い時もあるので、経営者は、賃金を実質、「利益の調整弁」として使っています。口には出さなくとも、利益が出ていないときは賃金を抑えたいと考えるものです。

　しかし、社員の頑張りを「絶対評価」してしまえば、調整弁としての機能を失います。
　これが一番怖いのです。

　給与は、経営者が経験と直感で最終的に決める。この役割を手放したくはないのです。
　客観的な評価制度を入れて、自分が社員の賃金をコントロールできなくなれば、経営ができなくなります。

賃金コントロールの問題点の解決方法

社員の昇給、賞与が利益の調整弁である機能を失うことは、中小企業のキャッシュフローに大きな影響を与えます。

中小企業にとってキャッシュフローへの影響は、「倒産」につながる恐ろしいものです。

解決策としては、絶対評価で単に社員の頑張りを評価するのではなく、「全体賃金管理」によって、賞与や昇給のバジェットを決めることがポイントになります。

昇給のバジェットは「利益」が前提なので、利益がなければ、社員の頑張りを評価することはできません。

利益が上がらなければ、当然、「結果」が評価されるのです。

全体賃金管理、正しい労働分配率を社員に理解させることが重要です。

自分が働く会社の財務体質を脆弱にさせ、倒産リスクを高めれば、長期的には、社員も職を失うリスクがあります。

社員を大切にすることとは、会社の財務的基盤を盤石にして、倒産リスクを少なくし、路頭に迷わせない仕組みを作ることです。

このためには経営理念を浸透させて、長期的視点から経営することが望まれます。

これをしない限り、社員は、短期的な昇給・賞与を期待し、結果として、会社の内部留保が少なくなり、「強い会社」になれません。

強い会社とは、財務基盤が安定した会社なのです。

評価とは、最終的には個人の査定となります。

この結果、社内における「協力関係」が失われるリスクが生じます。

社員が自分の評価を気にするようになれば、自分の目標達成に関心が向き、他者に対する関心が薄れます。

結果として、社内での協力関係は希薄となり、「競争関係」、または、「無関心」につながります。

自分が良い成績を上げることを中心に考えれば、協力よりも競争する組織になり、自分の決められた責任範囲は全うしようとしますが、それ以外には無関心になるのです。

これが、会社にとって非常に大きな問題です。

良い成果を上げられる会社は、社内では競争ではなく協力関係を築いています。

「競争」はあくまで外部の競合他社と行うべきで、社内は「協力」すべき場所なのです。

また、評価項目にしか関心を抱かない社員も発生します。

このような社員は、評価に関係のないことに対しては、関心が持てず、あえて行動しようとしません。

協力関係を構築しない誤った社員の行動を排除するために、評価項目は増加していく傾向があります。結果として、評価項目が総花的になってしまい、査定するときに手間もかかるようになります。

総花的評価項目は、社員にとって、どの行動がどの評価に結びつくのかが分からなくなり、結局、評価制度は無機能化するのです。

社員からすれば、そのような評価制度に意味を感じることはできなくなり、手間だけがかかる単なる「茶番劇」だと思うようになるのです。

良い評価制度とは、社内の競争を掻き立てるものではなく、協力関係を推進させるものでなければいけません。協力関係を促す評価制度の構築は、かなり難しいと言えます。

では、どうすれば、解決できるのでしょうか？

協力関係を構築するためには、お互いに責任の範囲を広げることが必要で、責任範囲が重なって初めて実現できるのです。

責任範囲が重なっていないところでは、自分の任された責任の範囲内でのみ仕事をすることになります。

仕事の中には明確に誰の担当なのかが決まっていないようなものもあります。

協力関係がない組織では、役割が不明確な仕事が誰にも着手されず、野球で野手がお見合い

をした結果、ポテンヒットを与えるような状態になってしまいます。

　経営環境は、常に変化し続けるため、責任範囲を明確に最初から明文化することは難しいと言えます。

　特に、中小企業は1人で多くの業務をカバーしなければならないことが多く、社員同士で協力しあい、業務をカバーすることが大切な心掛けと言えます。

　しかし、評価制度は、一般的には、個人の昇給にリンクします。

　これが協力関係を阻害する要因になるのです。

　社員は、「私は言われたことはやってます」と思うものです。

　しかし、上司からすれば、「言われたことしかできない人」と思うことがよくあります。

　社員は、自らの責任範囲を狭くする傾向があるのです。

　自ら、責任範囲を広げる文化形成をすることが重要です。

　社員は、権限と責任を同一と考え、権限が与えられていないところに責任はないと考えがちです。

　短期的には正しい考え方かもしれませんが、長期的には、自ら責任範囲を広げた人に権限が与えられる、これが結果として、「昇進」する人になるのです。

　昇進したら、権限と責任が与えられるのではなく、責任範囲を自ら広げた人に結果として、昇進と権限が与えられると考える文化形成が大切になります。

「競争」から「協力」に変える仕組み
査定ではなく、成果を出す仕組みに変える

　評価制度は通常は個人の査定に行きつきます。

　すでに出来上がったパイを誰に分けるのか？

　貢献によってパイをどう分けるのかという考え方です。

　このやり方だと、例えば、営業と経理の貢献度はそもそも比較不可能であり、究極的には査定を行って単一の指標である賃金に落とし込むのはそもそも無理があると言えます。

　個人の査定ではなく、いかに会社が成果を上げられるのかを中心にした方が良いのです。

　決められたパイの分配ではなく、どれだけパイを大きくできるかという成果とリンクさせます。

　成果を上げるためには、個人プレーではなく、人と「協力」して組織として行う方が効果的です。個人の査定ではなく、組織の成果にフォーカスすることが重要です。

評価制度は、「成果を出す仕組み」と再定義し、協力を推進することが重要です。
成果が出れば、分配方法を多少間違えても社員から不満が多く出ることはありません。

限られたパイを「貢献」によって分配すると考えると、精度や正確性が問題となります。
異なる部門の人を給与という単一の指標で貢献度を測定すること自体にそもそも無理があるのです。社員が納得できる査定システムなど存在しえないのです。

であれば、静的な個人「査定」より、動的な組織の「成果」にフォーカスすべきです。
これにより、社員は、個人から組織を意識するようになります。
この結果、競争から協力関係を構築するようになります。

成果を出すために上司から部下への「フィードバック」をする「教育システム」として評価制度を再構築すること大切です。評価制度が、競争関係を生み出し、組織を破壊するものにならず会社と社員が Win-Win になるのです。

総花的評価項目による無機能化問題
昇給と昇進の仕組みを分ける

「昇給」は、戦略に基づき、正しい実行（プロセス）がなされているかを評価項目とします。
成果を出すためには、「ボトルネック」と思われる部分にフォーカスして、実行することが効果的です。

究極的には成果を出す方法は、最も効果的と思われる「実行」（KPI）１点に絞り込むことです。そして、これを評価項目とすることで、日常の仕事と改善活動、成果がリンクするようになります。

ボトルネックは、会社の状況によって短期的に変わります。
つまり、「プロセス評価」を効果的にするためには、評価項目を１点に絞り込む代わりに、毎月、評価項目がボトルネックとリンクしているかを再検討する「戦略会議」で見直しをすることが大切です。

「昇進」は、長期的な観点から、社員の行動が企業にとって「良い文化形成」をするかを評価します。

良い文化形成をするためには、様々な行動が求められます。
・フォローワーからリーダーへ
・学ぶ人から教える人へ
・言われなければできない人から、言われなくてもできる人へ
・作業だけではなく、常に改善ができる人へ

昇進のために望ましい行動を規定していくと、評価項目がどんどん増えてしまいます。

　しかし、自分の行動が、会社にとって長期的観点から良い文化形成になっているかの１点を問いかけ続けさせれば、社員は、自ずからあるべき行動を理解するようになります。

　成果を上げるためのプロセス評価、昇進をさせるための企業文化形成も評価項目を１点のみに絞り込めば、評価の煩わしさから解放されます。

　これによって、経営者は、社員に本当に行ってほしいことを効果的に伝えることができるようになります。

　中小企業の評価制度は、複雑化させるのではなく、「単純化」させ「教育システム」とリンクさせることが重要です。

　教育の本質は、知識・技術のみでなく、正しい「考え方」を教えることです。

　正しい考え方を持たず、単に知識・技術・経験を持ち、企業に多大な影響を及ぼす社員を昇進させると、やがては「腐ったリンゴ」となり、組織を破壊する可能性があります。

　組織を破壊するのは、能力の低い人ではなく、個人的には能力が高く、成果を出す人です。

　問題は、組織の方向性と個人の方向性が一致していないときに起こります。

　中小企業は、人員が少ないため、方向性が合わない能力の高い社員の対処に苦慮します。

　このような社員には、格ではなく禄（昇給・賞与）で対処することが大切です。

　昇進は、思考法
　昇給は、行動（プロセス）
　賞与は、結果

　正しい思考は、正しい行動（プロセス）につながり、正しい行動は、良い結果にリンクします。

　長期的に考えれば、この３つの評価項目は、同じ方向性にあります。

　しかし、短期的には、３つの評価項目の間には、「タイムラグ」があるため、昇進・昇給・賞与の評価項目を分けて考えることが大切です。

【参考動画】【第246回】評価制度が会社を破壊する｜久野康成の経営のエッセンス
https://youtu.be/Hla9-65sllQ

　成果を出す仕組みとは、マネジメントシステムである PDCA とリンクします。
また、評価制度は査定制度ではなく、教育システムにする必要があります。

　教育システムとは、OJT を通じた上司から部下に対するフィードバック・システムにする
必要があります。

図表 3-1　評価制度と成果を出す仕組み

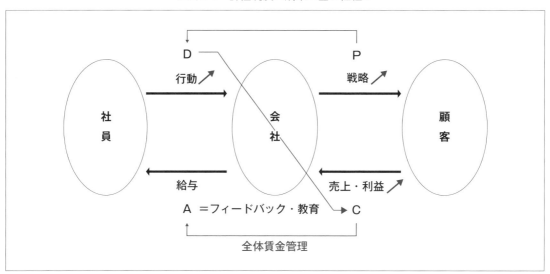

　図のように 3 つの輪の価値循環モデルで考えると、
　どういう価値を与えるか（＝戦略）が、計画（Plan）
　この計画に基づき社員がどれだけ実行するか（Do）
　実行が、どれだけ結果にリンクしたかを売上・利益によって検証（Check）
　アクション（Action）は、上司から部下へのフィードバックと考えられます。

　PDCA は、戦略（P）に基づき実行（D）し、戦略と実行が相まって売上・利益という結果
を検証（C）し、この 3 つを社員にフィードバックして改善を促すことが Action（A）になり
ます、つまり、「フィードバック」が教育的機能をもたらすのです。

利益をコントロールするためには、適切な労働分配率を定め、利益に基づき全体賃金管理を行うことが大切です。

　労働分配率の逆数は、「労働生産性」として表すことができます。

　労働分配率という発想は、賃金を抑えて利益を上げる発想に陥りやすくなります。

　これに対し、逆数である労働生産性は、生産性を上げることにより、利益を上昇させ、結果として、適切な労働分配率を達成する考え方です。

　目標とする労働分配率は、賃金を抑えるのではなく、生産性を上げることで達成すべきなのです。

　あるべき労働分配率を設定することで、社長が潜在的に危惧している評価制度の導入によって過度な賃金上昇をコントロールすることが可能となります。

　給与設計は、利益の調整弁としての役割が中小企業にとっては重要です。

　昇給の財源を継続的に確保するためには、利益を継続的に増加させる必要があります。

　そのためには、企業の「安定的成長」が不可欠となります。

　企業が成長する仕組みと評価システムはセットで考えない限り、社員が究極的には納得できるものにはなりません。

　結局、昇給のためには、「成長」が不可欠であり、成長のためには正しい「戦略」とその「実行」が求められます。

　これがPDCAと評価システム、全体賃金管理システムによって実現させるのです。

マネジメントは、本来、「トップダウン」によって行われます。

しかし、企業を永続させるためには、トップダウンを補完する仕組みも重要となります。

世の中に、完璧な経営者はいません。経営者がどんなに有能であっても、その経営をサポートする体制が必要となります。

特に、「事業承継」のときに問題となります。

マネジメントは、「人から人」ではなく、「人から仕組み」に承継するのです。

優秀な経営者がいなくなっても、組織が永続するためには、ボトムアップでマネジメントを機能させる必要があります。

そのためには、次の2つのことが重要となります。

❶挑戦する「企業文化」の構築
❷マネジメントの「仕組化」

挑戦する「文化形成」はなぜ重要なのでしょうか？

経営の意思決定は、あくまで経営者です。

トップダウンによる経営は、強いリーダーシップが要求されます。

いわば、有能なリーダーが1人いるだけでも機能します。

しかし、ボトムアップで経営を補完するには、多くの人の関わりが必要となります。

良い事例として、トヨタの仕事を次の式で定義しています。

「仕事 = 作業 + 改善」

普通の会社では、改善の重要性は分かっていながら、プラス α と定義しています。

「仕事 = 作業」　改善はプラス α

改善を「プラス α」と認識すると、次のような声が漏れてくるかもしれません。

「大企業ではないので、十分に人がいない、時間がない」

「現場は忙しく、そんな余裕などありません」

「改善することを求めるなら、増員してほしい」

一方、トヨタでは、改善まで行い、はじめて仕事をしたと言える文化を形成しました。

言い換えれば、「改善がない限り、仕事をしていない」と言われます。

このような「規範」を作り、日々「実践」することで、規範を「習慣化」させていきました。そして、この習慣が長い年月を経て、トヨタの「文化」になったのです。

企業文化まで行き着くと、簡単に他社には真似ができなくなります。
トヨタのジャストインタイムも非常に多くの企業が見学に訪れましたが、真似できませんでした。それは、単なるシステムではなく、文化だったからです。
これがトヨタの真の「強み」なのです。

規範 → 実践 → 習慣 → 文化
という流れの形成が、ボトムアップでの経営につながります。

ボトムアップ経営とは、言葉では簡単ですが、実際の運用は、気の遠くなるような努力と習慣があって初めて成立するものなのです。その意味で、トップダウンを補完するボトムアップ経営を行うためには、長年に亘る経営者の教育が前提となります。
経営者が、短期の成果だけを求めているだけでは、この教育はできません。

社員を信頼し、長期に亘る教育を通じて「文化形成」する努力と覚悟が必要となります。

良い文化を形成するために最初に行うことは、「良い規律」を作ることです。
人間は、弱い動物なので、規律が存在せず、自由にしておけば、必ず堕落します。
仮に、自由にしておいても、堕落せず良い結果がでるのであれば、既にその企業には、良い文化が備わっているという意味です。

文化とは、そもそも自由な状態で現れる「暗黙のルール」なのです。

しかし、規律や規範を作っただけでは、効果は出ません。
規律や規範は、「実践」されて初めて効果が出ます。
しかし、人間は、簡単に新しいことを受け入れることはできません。

新しい価値観には、「認知的不協和」による拒絶反応が起こるからです。
これは、いわゆる、新しいものに対する「違和感」です。

また、「習慣化」されない限り、実践は続きません。
習慣化されるまでには、比較的長い時間が必要となります。
新しい価値観を浸透させるプロセスで、従業員の行動が習慣化される前に、経営者の方が先にあきらめてしまうことが多くあります。
社員に「やれ！」と言うだけでは、新たな行動は起きません。
「何度言ってもダメ」と感じるのは、そこに変えるための「仕組み」がないからです。

第1の要因である認知的不協和に対しては、相手の価値観を変えることではなく、相手の「行動」を強制的に変えさせることも有効です。

　人間は、自分の行動が自分の価値観に合っていない場合も、自己矛盾が起きて、自分の中に認知的不協和が発生します。この場合、自分の認知的不協和を解消する方法は、行動が強制されているため、「思考」を変えるしかなくなります。
　行動が避けられないときに初めて、思考を変えて順応し、自己矛盾を解消しようとするのです。

　第2の問題は、行動の強制力の問題です。
　何度言ってもできないのは、「奴隷にムチ」を打っている状態で、ムチの存在が無くなった瞬間に元に戻ります。つまり、言葉だけでは、強制力に継続性がないのです。
　強制の仕組みを作るのは、継続性のない言葉ではなく、継続性を持った「制度設計」です。

　では、どんな制度が必要になるのか？
　どんな会社にもあり、かつ、社員が関心を持つ制度でなければいけません。
　それが、「評価制度」です。

　ただの個人別の考課としてではなく、このように良い規律を習慣として実践できるように評価制度を使っていくことが重要になるのです。

【参考動画】【第247回】評価制度と成果を出す仕組み｜久野康成の経営のエッセンス
https://youtu.be/lF0wgCDUonQ

どんな会社でも、昇給・昇進や賞与額を決定するために、評価制度はあります。

仕組みとして評価制度がなかったとしたとしても、何らかの形で評価はしているはずです。

ただ、評価制度の設計と運用で間違ってしまう会社が多くあります。

まず、評価制度の定義を、下記の狭義と広義で考えてみたいと思います。

①狭義：適正な分配（貢献とは何か？）

②広義：育成を通じた組織の成長（教育制度）

一般的には、上記①の狭義で、社員が納得する貢献に応じて適切に分配することと考えます。そして人事部に制度設計を任せるため構造的な問題が起きます。

貢献に応じて社員全員が納得できる適正な分配を考えるのは難しいテーマです。

営業部門と間接部門、製造部門と開発部門の貢献度合いをどのように考えるのでしょうか？

同じ部門であれば、ある程度貢献度合いは分かるかも知れませんが、会社全体で貢献という概念で1人1人の給与を決定することは、非常に難しいことです。

よって、狭義の評価制度だと、誰かが納得しないので、制度設計を延々と何度もやり直すことになります。

この問題を解決するためには、評価制度は、上記②の広義で考えることが重要となります。評価制度とは、会社の成長（長期目的）と今年の成果（短期目的）を出す仕組みであり、OJT型の教育制度とリンクさせる必要があります。

教育制度を通じて、会社の成長を促すことなので、評価制度にはフィードバックする機能が非常に重要になります。

狭義では評価制度は分配機能になるので短期軸で昇給・賞与にあたります。

広義ではフィードバックを通じた教育機能になるので長期軸で昇進にあたります。

評価は、昇進の基準を中心に設計することが重要です。

個人の昇給と賞与は、全社員に開示されることはありません。

会社と社員個人との関係でしかないのです。

これに対して、昇進は、全社員に対して誰を評価したのかを経営者が示すことができます。昇進は経営者の価値観を全社員に示すもので、これが教育方針とその結果を社員にフィードバックする重要な機能です。

【参考動画】【第 45 回】評価制度は設計と運用で誤る‼｜久野康成の経営のエッセンス
https://youtu.be/RjOwX2vlAB0

図表 3-2　昇進・昇給・賞与の基準はどうすべきか？

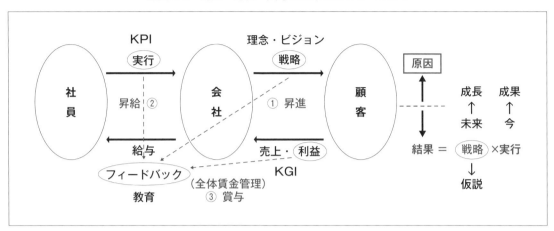

　顧客、会社、社員の関係性で言えば、会社から社員に向かうベクトルが評価制度になります。
　ただし、この評価は、残り3つの項目（戦略、行動、成果）によって結果として決めるものであり、これらが評価を決める原因となるものです。

　なお、昇給は、単年度ではなく継続して行われるものです。
　従って、企業の成長が前提になります。成長させる仕組みを作ることが重要です。

　この意味において、評価制度とは、単なる査定ではなく、昇給させるために、売上・利益を上げる仕組みなのです。
　売上・利益を上げる仕組みとは、会社にとってはマネジメントそのものです。

　会社の長期的目的である経営理念、経営理念のマイルストーンとしてのビジョンを達成する手段が戦略となります。
　そして、この戦略を効率的に達成させる仕組みがマネジメントです。

　理念やビジョンに基づいて、どのように有効で具体的な戦略を作るのかが重要であり、有効ではない戦略では売上利益は上がりません。

　もし、結果が出ていないのであれば、現在、有効な「戦略」がないのかもしれません。
　また、社員がその戦略に基づいて、効率的に「実行」していないことが原因かもしれません。

成果 ＝ 戦略 × 実行

戦略と実行、2つの原因の掛け算により、成果は出ます。

複雑な経営をシンプルに考えることによって、どこに問題があるのかを明確にするのです。

成果が正しく出ているかどうかは、財務上の数値で表せる KGI（Key Goal Indicator）で目標設定することが重要です。

月次予算の全体の達成度を検証するだけでは、戦略の問題か実行の問題を把握するのが困難です。

大半の売上は、「顧客の都合」で決まります。

売上予算が未達であっても、外部要因が原因であれば、打つ手が見い出せません。

KGIは、戦略的な財務目標であり、「行動との因果関係」が明確になるものを設定します。

戦略的重要性にフォーカスするもので、予算に占める割合としては、5%程度のものであってもかまいません。

具体的には、以下のような目標が該当します。

・新製品の販売金額

・新規顧客開拓数

・新規売上高

・セールスミックスの変更による粗利率の上昇

KGIのフィードバックを戦略会議で行い、結果が出ていないのであれば、戦略上の問題なのか、戦略に基づいて社員が実行してないのか、どちらかに原因があるのかを見極めます。

早い段階で原因の修正をするためにも、月次決算を早期化させて、戦略会議で KGI の達成状況を評価する必要があります。

KGIは、戦略的財務目標という「結果指標」です。

結果指標は、モニタリングはできても、原因指標ではないため、直接コントロールできません。

そのため、KGIを変化させるためには、原因となる実行を KPI（Key Performance Indicator）という原因指標を設定することが重要です。

KPIとは、「行動指標」です。

例えば、以下のような項目が該当します。

・顧客への訪問件数

・見積提出件数

・新規商材の提案件数

もし、KPI（行動）が十分であったにも関わらず、結果が出ていないのであれば、問題は戦略にあると考えられます。

この場合、戦略の変更が必要になります。

戦略の変更は、月1回行われる戦略会議でディスカッションされます。

戦略会議を通じて、社員にフィードバックする仕組みが「教育システム」です。

社員に対してのフィードバックには、次の3つがあります。

①成果のフィードバック

②行動のフィードバック

③思考のフィードバック

それぞれ、結果、実行、戦略のフィードバックと言い換えることができます。

①結果は賞与とリンクします。

利益が少なければ、賞与をたくさん払うことはできません。

利益をベースに賃金総額を管理する方法を「全体賃金管理」と言います。

全体賃金管理では、労働分配率、労働生産性という指標が重要となります。

会社にとって適正な労働分配率に基づいて、賞与予算を決めます。

②実行は昇給とリンクします。

役職に応じての賃金テーブルを作成します。

賃金テーブルを最初に作る場合は、過去5年間程度の賃金台帳をベースに賃金プロット図を作り、過去の役職に応じた賃金推移を分析し、これを基に適切な賃金設計を行います。

③戦略は昇進とリンクします。

自らの責任の範囲を広げ、会社が目指す方向で仕事をする人、高いリーダーシップ、コミュニケーション能力、マネジメントスキルを持った人を昇進させることが重要です。

いわゆる「人間力」が高い人です。

図表 3-3　久野式人財マトリックス

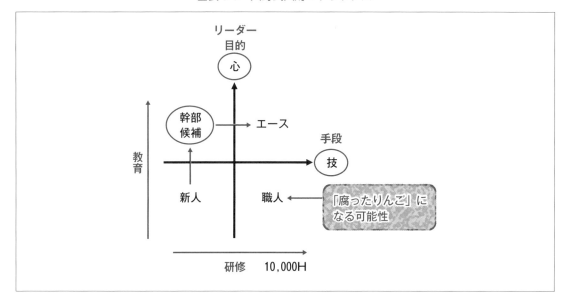

　社員教育には、心と技の両面が必要です。

　「心」とは、リーダーシップ、マネジメントスキル、会社の経営理念・ビジョンの理解度です。このレベルが高い人は、昇進に値します。この心のレベルを高めることが真の教育です。

　「技」とは、その業界で必要な知識・技術・経験です。どんな業界でも、その道のプロになるには「10,000時間の法則」と呼ばれるように長い年月が必要です。

　技を習得させることは、研修であり、真の教育と分けて考えるべきです。

　技ばかりに囚われる人は、職人化して、自分では仕事がこなせるもの、部下を育てることができず、マネジメント能力に欠けることになります。

　どんな方向であっても結果だけ出せばよい、という人を昇進させてしまうと、会社と方向性が合わない人が幹部となるリスクがあります。

　中小企業の幹部は、プレーイング・マネージャーをせざるを得ません。

　しかし、問題は、プレーイング・マネージャーと称していながら、マネジメントではなくプレーヤーが中心となる幹部が多くいることです。

　自分が成果を出す人から、仕組みで成果を出させる人に役割を転換できれば、真のマネージャーになります。これができれば、企業は安定的成長ができます。

　このためには、幹部が業界の知識・技術・経験といった個人ノウハウを組織のノウハウに移管する発想が重要です。これが本来、「標準化」と呼ばれるものです。

　しかし、これほど標準化が重要と言われていながらできないのは、なぜでしょうか？

人間は、自分が評価されてきたものを失いたくないのです。

幹部が標準化を進めること、すなわち、個人のノウハウを組織のノウハウに移管することは、ある意味、自分が「いらない存在」になることを意味します。

無意識のうちに人間は、自分を守りたくなるのです。

これができる幹部は、個人より組織を重視できる人です。

結果として、会社に対する忠誠心、自分が犠牲になっても会社を守ろうとする心がない限り、無意識に標準化に抵抗するのです。

誰を昇進させるのかというテーマは、過去の実績だけではなく、会社との方向性が一致していることが重要です。自分より組織を大切にしてくれる人を幹部すべき理由はここにあります。

企業には、様々な意見を持つ人がいることは重要です。

しかし、幹部が一枚岩にならなければ、まとまりません。

中小企業にとっては、多様な意見を持つ幹部がいるより、企業を一枚岩にする方が大切です。心が会社の「目的」を決め、技は、あくまでも「手段」に過ぎないのです。

教育システムとしての評価制度は、昇進→昇給→賞与の順で設計することが重要です。

①昇進→会社の方向性、理念、ビジョン、戦略の理解度（思考）
②昇給→実行度（行動）
③賞与→結果（成果）

思考 → 行動 → 成果

良い思考が、良い行動につながり、良い行動が良い成果になります。

昇進基準である思考の正しさについては、形式基準で評価することは非常に難しいので、究極的には経営者の価値観（好き嫌い）になります。

価値観、思考が統一されなければ、組織が一枚岩になれないのです。

だからこそ、幹部や幹部候補に引き上げる昇進人事は、価値観の部分を重視していかなければなりません。

【参考動画】
【第190回】評価制度の構築方法｜久野康成の経営のエッセンス
https://youtu.be/05Ebgy1Fyjk

8 コミュニケーション・ツールとしての久野式評価制度

　教育・コミュニケーション・ツールとは、会社の目標である理念・ビジョンをトップだけが語るのではなく、ミドル・マネジメント層が部下に対して理念やビジョンに従って管理するものです。

　P・F ドラッカーが提唱した「目標による管理」（MBO：Management by objective）は、本来、目的を共有し、コミュニケーションをとることによって目標を達成するもので、結果として学習する組織が作られます。

　評価制度は、目標を上司・部下とのコミュニケーションによって共有され、社員が主体的に目標達成するものです。つまり「学習する組織」が前提になります。
　評価制度は、上司と部下との間のコミュニケーション・ツールとして利用することが求められます。

　評価において一番重要なことは、社員が正しく目的（理念やビジョン）を理解しているか否かです。これは、働く理由であり、価値観に通じるものです。
　これが昇進基準であり、評価基準の根幹となります。

　経営理念の共感度を昇進基準と考えると、好き嫌いという要素も入ってきます。
　好き嫌いとは、究極的には経営者の価値観です。

　これでは、「イエスマン」ばかりが昇進すると思われるかもしれませんが、そうだとすれば、これは、経営者の価値観の問題で、経営者自身の成長で解決するしかありません。
　所詮、中小企業は、トップの価値観・能力が経営の大部分を左右します。

　短期の成果をあげるのはロワー・マネジメントの役割です。
　管理者であるミドル・マネジメントは、長期的に成長させる仕組みを作ることです。

　短期の成果だけにこだわる人は、ロワー・マネジメント以上をさせることはできません。
　長期の成長にフォーカスし、緊急性より重要性を中心に仕事を組み立てられる人をミドル・マネジメントとして昇進させる必要があります。

　昇進することとは、思考、価値観の変化が求められます。
　では、思考を変化させるためには、どうすべきでしょうか？

人間は、自分が信頼している人の言うことに従う傾向があります。

「何を言うか」ではなく、「誰が言うか」で人は動くのです。
　つまり、上司と部下との関係で、信頼関係が構築できていない場合、たとえ上司が正しいことを言っても部下が上司の命令に心から従わないことがあります。

　信頼関係（ラポール）の形成は、最終的には、会社の業績に影響を与え、良い結果はさらなる良い関係を生み、プラスのスパイラルが発生するという考え方があります。
　これが、ダニエル・キム教授の組織の成功循環モデルです。

図表 3-4　ダニエル・キム教授の組織の成功循環モデル

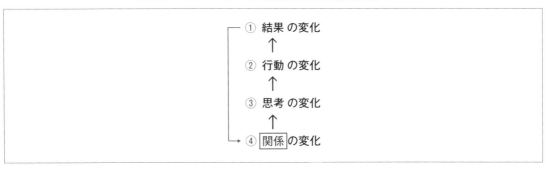

結果 (KGI) を変えたければ、行動 (KPI) を変えること。
社員の行動を変えたければ、社員の思考を変えること。
社員の思考を変化させたければ、上司と社員との関係性を変えること！
結果として成果が出れば、「信頼関係」はさらに強化される循環ができます。

社員の思考の変化とは、経営理念や哲学の浸透を意味します。
昇進は、価値観が基本になるため、上層部になるほど形式的な基準はなくなります。

昇進基準の構築は、経営者の重要な仕事なのです。

【参考動画】【第 103 回】
評価システムは、教育・コミュニケーションツール｜久野康成の経営のエッセンス
https://youtu.be/j0a4-NkrIuM

評価制度を財務との関係で考えていきたいと思います。

賃金は、費用の中でも最も金額が大きくなる項目です。

評価制度は、個人を評価して、その人の昇給をどうするかという「個の発想」に最終的にリンクします。

個に落としたときのデメリットは、その個の評価の絶対値を足した時に、その総額の賃金がどのように上がり、結果として利益がどのくらい圧迫されるのか見えなくなることです。

これが個を中心に絶対評価した場合のリスクで、経営者が評価制度を導入したくないと思う1つの理由です。

経営者が感じるリスクを回避するためには、賞与を利益コントロールのバッファー（緩衝器）として考える必要があります。

賞与は、結果としての成果を基に分配されるため、利益の多寡により決まることは当然です。

しかしながら、社員は、賞与も給与の一部であり、ある程度の業績による変動も受け入れながらも、一定量の賞与を望む気持ちも持っています。

さらに、経営者の立場からしても、中期的な業績の展望はある程度、予測できるものであり、賞与のみで利益コントロールするのはリスクと感じます。

成長が見込めない状態で昇給を続けることは、経営的には不可能です。

①賃金が、企業の損益のかなりの部分を占めること
②優秀な社員を確保するには、それなりの高い賃金を払う必要があること

経営者には、この2つの対立する状況をどのように対処するかが求められます。

中小企業だから高い賃金が払えない、優秀な社員が集まらないという思考に経営者が陥ることがあります。

しかし、これでは、長期的に会社が発展することはありません。

中小企業だから、優秀な社員が集まらないのではなく、差別化された戦略がないから優秀な社員が集まらないのです。

現状が、中小企業か否かは、自分の経営の結果にすぎません。

優秀な社員を確保したいのなら、業界で最高水準の給与を払うことを目標にすべきです。

これができれば、必ず優秀な社員は集まります。

給与水準を抑えていて、優秀な社員が集まらないと嘆くのは、虫が良すぎます。

しかし、先に高い給与を払えないのが中小企業です。

まず、あるべき目標設定としては、
①強い会社を目指すことが重要です。
強い会社にすれば、簡単に倒産することはなく、会社も社員もその家族も守ることができます。

②強い会社にするためには、儲かる会社にすべきです。
利益は強い会社にするための重要な源泉となります。決して、最初から大きな会社を目指す必要はありません。
会社が大きくなるか否かは、結果に過ぎないのです。

③儲かる会社になれば、社員の給料を上げることができます。
業界最高水準の給与を提供できる企業は、最も優秀な社員を集めることができます。
究極的には、ここを目指すべきです。
単に利益が出ているだけの会社では、最高の給与を払うことはできません。
経営者がここを目標にすれば、もうかる会社の定義は自ずから決まります。

④儲かる会社を作るためには、マネジメントを仕組化することです。
マネジメントの基本はPDCAです。これを幹部が仕組化することによってトップの属人的能力のみに頼るのではなく、組織力で企業運営をできるようにするのです。

⑤PDCAの中の最後のアクションを社員に対するフィードバックによる教育と習慣化と考えて、継続的に改善を促す仕組みを作ります。
つまり、評価制度をマネジメント・システムそのものに組み込むことです。

上記が基本コンセプトですが、中小企業の場合、一気に理想像に近づけることは困難です。問題は、向かう方向性を見失わないことです。

見失えば、短期的、緊急性のある業務に囚われ、長期的、重要性のある業務、つまり、理想に向かいマネジメントシステムを構築することを先送りします。

強い会社にするためには、短期的には財務基盤を強化するための目標設定が重要になります。

会社の利益は、
①会社への内部留保、②株主への配当、③社員への昇給・賞与の財源となります。
これらの3つ（経営者、株主、社員）が、中小企業にとっての重要な利害関係者です。

問題は、これらの利害関係者の中での優先順位です。

　社員は、短期的には、昇給・賞与を求めます。
　しかし、経営理念が浸透し、会社を本当に大切にしてくれる社員を育成すれば、まず、自分が働く会社の財務基盤を安定化させ、長期的に存続可能な会社を作ることに同意してくれるはずです。

　この長期の目標を社員と共有できれば、第1に重視すべきは、強い会社を作るための財務安定であり、第2に社員に対する昇給・賞与の財源に充てることに同意してくれるはずです。また、そのような社員教育ができない企業は、社員は、短期的な報酬を求めて転職してしまいます。

　ここが十分に共有できて初めて、「総額賃金管理」が実行可能になります。
　総額賃金管理は、マネジメントの1つであり、KGI、KPI の設定を行うことから始めます。これは、「財務の企画」と言えます。

　「財務」は、支出を伴う意思決定の全てが含まれるものです。
　つまり、未来の経営企画、現在の経営判断の全てが含まれ、まさに経営者の重要な仕事の1つです。
　これに対して、「経理」は、過去処理です。経理は、経理部長や税理士に任せることができますが、財務と経理を混同した経営者は、全てを経理部長等に任せてしまうため、「強い会社」を作ることができません。

　強い会社を作ることは、社長の責任であり、社長が財務企画に対して責任を持つことを意味します。

　財務企画は、どれだけの利益を目標にするのかという利益計画からスタートします。
　また、あるべき労働分配率を設定し、そこに近づけていくための財務企画から昇給予算、賞与予算が決定します。
　そして、目標利益を達成するための戦略目標や売上目標を考え、これを KGI（財務目標）や KPI（行動目標）の形で評価項目に落とし込みます。

　利益計画と評価制度が切り離されると、利益目標が低くなる傾向があります。
　社員は、「過去の趨勢」、「達成可能な目標」、「納得のいく目標」を設定する傾向があります。

　しかし、これらは全て誤りと考えた方が良いです。
　あるべき目標設定は、過去からではなく、「未来」、「ビジョン」、「挑戦」が含まれていなければいけません。
　挑戦のない目標からは、ワクワク感が得られず、利益計画を作った段階で社員のモチベーションを上げることはできません。

目標設定段階では、「できるかできないか」ではなく、「やるかやらないか」が重要です。

　挑戦する文化を評価制度に組み込み、結果として利益計画も社員がワクワクする目標設定をできることが成長する強い会社になるための第一歩と言えるでしょう。

　目標設定も個人からの積み上げでは、全体の目標が低くなる傾向があります。

　未来のビジョンを社員と共有し、過去の趨勢に従うのではなく、理想に向かう利益計画ができているかを問うことが大切です。

　何よりも、ワクワク感のない利益計画は、未来のビジョンが反映されておらず、計画として失敗なのです。

【参考動画】
【第 190 回】評価制度の構築方法｜久野康成の経営のエッセンス（9:50-14:00）
https://youtu.be/05Ebgy1Fyjk

　成果は、個人より組織で協力して行う方が効果的にでます。

　成果を出すための PDCA は、プロフィットセンター別に行う必要があります。

　マネジメントと評価の権限がスパン・オブ・コントロール（上司が部下をコントロール可能な範囲、通常は5〜7名とされています）の最小単位に権限移譲されると、業績責任は、主任や係長のようなロワー・マネジメントのレベルにも移管するということになります。

　このスパン・オブ・コントロールに基づいて設計したアメーバ型組織を「ドリームチーム」と呼ぶことにします。そして、ドリームチームの長（会社の中の最小限のプロフィットセンター長）を「キャプテン」と呼ぶことにします。

　こうすることで業績の責任は、ドリームチームのメンバーとキャプテンが負うことになります。つまり、昇給するには、社員自身が自分で昇給の正当性を証明する責任を負うのです。

　「なぜ、私は昇給するのか？　それはいくらか？」

　この質問に社員は回答する必要があります。

　この質問に回答するためには、証明できる成果物が必要です。

　「自分は、何を変えたのか？」

　「自分はどんな業績を残したのか？」

　昇給することが、会社と Win-Win の関係であることが大前提です。

　成果物を見せるために会社は、社員に対して自分のチームの業績を利益ベースで開示することが求められます。

　これにより、全体賃金管理のコンセプトがチーム単位で浸透し、いたずらに労働分配率が上がっていくことを避けられます。

　つまり、

❶ドリームチームのキャプテンは社員のモチベート、業績、昇給責任を負う

❷経営者は、キャプテンに対する選任・解任・教育責任のみを負う

　経営者にとって今まで非常に厄介であった評価の問題が権限委譲で解決します。

　さらに、

　「いかにあなたは仕事ができないか」の説明から、

　「こんなに私は仕事ができる」と社員自身が説明責任を負うことになるのです。

11　豊臣秀吉の「五人組制度」を活用する

　豊臣秀吉は、年貢の取立てを5人の共同責任にして、もし誰かが年貢を払えなければ、「隣組の人たちの代わりに自分が払わなければいけない」というシステムを作り上げました。

　誰か1人悪いことをしたら全員でカバーすることになるので、お互いが監視しあうことになります。この五人組制度は、最小単位の組織のガバナンスとして機能したのです。
　小さい組織構成にすることにより、管理コストも非常に下げることができました。

　マイクロ・ファイナンスで世界的に有名なグラミン銀行は、この仕組みを応用して、貸倒率を大きく抑えることに成功しました。
　五人組制度を応用したコンセプトは、下記の2つになります。
　・連帯責任
　・相互扶助

　アメーバ的ドリームチームで利益を達成するためには、この「連帯責任」と「相互扶助」の考え方が重要です。
　連帯責任とは、目標が未達の場合に全員を罰するという意味ではありません。
　チームのほかのメンバーにも気を配り、自ら責任範囲を広げ、結果として助け合う、つまり相互扶助する考え方です。
　協力しあう組織は、最小のプロフィットセンターの単位だけでなく、事業部単位でも同じことが言えます。

　一般的には、社長が組織全体の財務やキャッシュフローの責任を持ち、各事業部長は、それぞれの事業部の損益の責任を持ちます。
　この状態で経営会議を行えば、各事業部長は、自分の事業部の意見は言っても他の事業部の発表に意見を言うことはありません。

　つまり、責任範囲が、社長と同じ組織全体ではなく、自分の事業部にしかないからです。
　本来、経営幹部は、たとえ事業部長であっても、会社全体に責任を持ち、その中で自分が担当する事業部がどうあるべきかを考える必要があります。

　社長と同じで全体最適から考えられなければ、自分の事業部が常に優先されるという部分最適に思考が陥ります。これでは、本来の幹部としての機能を果たすことはできません。

　各事業部長が、自部門の縦割の責任しか関心がなく、自部門の目標が達成していれば良くて、他部門が未達であっても社長のように関心を示さなければ、幹部会はやがて形骸化します。

　このような状態では、全員が参加し議論する意味がありません。

社長と幹部が1人ずつ議論している状態になるからです。

例えば、ABCDの各事業部に100ずつの予算が割り当てられたとします。
会社全体としての合計予算は、400とします。
A事業部は100%予算達成しました。
B事業部は80%しか達成しませんでした。
C事業部も80%です。
D事業部は100%達成しました。

こうなると、事業部予算を達成したAとDは問題なく、BとCは問題ありとなります。
しかし、会社全体の予算は400だったにもかかわらず、360しか達成していないことになります。
会社としては、利益計画が達成していません。
全てに責任を負う社長としては、計画が未達で終わったことになります。

ここでの問題は、事業部長は自分の事業部だけの責任を負っているのか、それとも会社全体の責任を社長と同じように共有しているかです。

会社全体の責任を幹部は負っていると考えれば、自分の事業部の目標を達成したAもDも組織全体の予算に対して未達である責任を負っています。
この発想がなければ、自部門は予算を達成しているため、当初予定していた満額の賞与を要求するかもしれません。

しかし、会社のキャッシュフローは、全ての事業部がリンクしています。
特定の事業部が予算未達なら、賞与予算は、全ての事業部に影響するはずです。

つまり、事業部長は、社長と同じように全ての部門に責任を負い、他部門が未達であれば、自部門で未達部分をカバーすることが必要となります。

自分だけでなく、他者の未達をカバーしあう仕組みが「五人組制度」であり、組織の末端のドリームチームまで、このコンセプトが浸透すれば、協力し合う文化が作られます。

【参考動画】【第216回】豊臣秀吉の五人組マネジメント｜久野康成の経営のエッセンス
https://youtu.be/nK2c8sFXspY

久野式評価制度の
設計と運用

appendix

実際に、久野式人事評価制度を導入する際の設計と運用の手順について解説します。

図 4-1　久野式評価制度の設計と運用

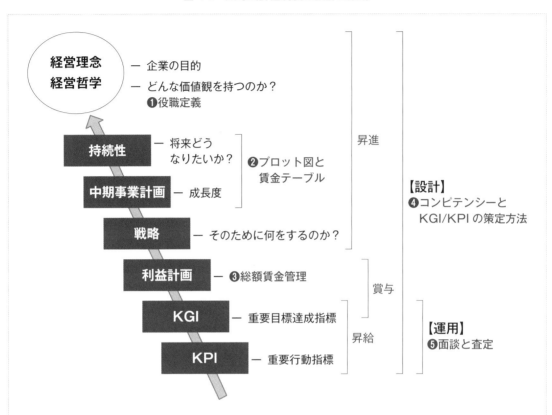

人事評価制度は、個人の査定システムという枠組みではなく、経営全体のマネジメントシステムを再構築するという観点で設計します。

本書、「戦略ノート第2部」を実際に使い、改めて自社の経営理念・経営哲学から見直します。
これにより、自社の目的、価値観を明確化させます。
ここから、自社が本当に欲する人物像を定めます。

これが、❶役職定義となります。

次に、会社の経営理念を達成するためのマイルストーンとして、「戦略ノート」を利用し、ビジョンや中期事業計画を策定します。
ここから、具体的な自社の成長率が明確になります。
企業の成長率は、社員の昇給率にもリンクします。

成長なくして、継続的に昇給させることはできないのです。

過去の賃金の上昇率なども考慮し、未来の昇給を企画します。

ここから、❷プロット図と賃金テーブルができます。

次に、利益計画を策定します。
　これは、あるべき利益比率（本書では、黄金比率と呼んでいます）を中心に利益を企画し、年度予算を策定します。

人件費は、金額予算だけでなく、労働分配率による管理が重要となります。
　利益計画を❸総額賃金管理と結びつけます。

さらに、事業計画を達成するための評価制度を具体的に評価シートに落とし込みます。
　これには、中長期の観点からの「成長」と短期の観点からの「成果」の2つにフォーカスします。
　ビジョン、中長期事業計画を達成するためには、戦略、組織の2つの観点から考える必要があります。

特に、評価システムは、「組織の観点」、人材の育成を通じて成長を企画します。
　長期視点が、昇進システムであり、会社が望む人材育成と整合させます。
　評価シートでは、❹コンピテンシーとリンクします。

また、短期視点の成果を上げるためには、ボトルネックにフォーカスします。
　これが、❹KGI／KPIの策定となります。

運用の手順

運用は、マネジメント・サイクルである PDCA（計画・実行・検証・アクション）に従って行います。

通常、新しい事業年度が始まる前に「利益計画」が策定されます。
この段階で、基本戦略が立案され戦略は、定量目標である KGI に落とし込まれます。
次に、KGI を達成するための具体的アクションプランである KPI も併せて策定されます。
しかし、戦略は仮説にすぎず、実行されなければ、戦略の正しさは検証されません。

上記、コンセプトを久野式評価システムでは、成果（KGI）＝ 戦略 × 実行（KPI）と考えています。

成果（KGI）の検証は、早い月次決算が前提となり、
実行（KPI）の達成度は、週次「進捗会議」
戦略の妥当性は、月次「戦略会議」で検証します。

戦略会議、進捗会議を通じて、戦略の修正（KGI の修正）や、行動の修正（KPI の修正）が必要と思われる場合は、四半期単位で、チームや個人の KGI ／ KPI の修正を行います。
これが、個人の「評価シート」に反映されます。

個人の貢献度を意味する給与査定は、四半期単位の上司・部下（評価者・被評価者）との面談を通じて行います。

最終の昇給額、賞与額の決定は、社長・幹部による「賞与・昇給決定会議」を通じて行われます。

①役職と等級の定義

ここでは「昇進の基準」となる役職と等級の定義を行います。

昇進を社員の成果や知識・技術・経験といったスキルだけで判断するのではなく、長期の観点から会社成長のために必要な「文化形成」に寄与しているのかで判断します。

そのためには、上位役職ほど、経営理念や経営哲学、ビジョンの共有と実践が重要となります。さらに、理念やビジョンを受け身で理解するのではなく、自らがその伝道者として社内外に伝えていくことが重要です。

具体的には、各役職で理念・ビジョンの社内外への浸透がどのように実現できるかという経営者の期待を言語化していくことになります。

理念の浸透度というのは、直接評価するのは難しく、行動として現れた部分で評価を行うことになります。

例えば、以下のような行動レベルで記述することが重要です。

・会議でよく発言する
・お客様から感謝される
・会社に対して改善提案を上げる
・他部署とも連携し協力しながら仕事を行う

これらは久野式人財マトリックス表（180ページ参照）での心の軸での評価基準となります。

一方で上位役職の仕事を任せるためには、責任を果たすための技（知識・技術・経験）も必要です。

心のレベルを昇進基準のベースに設定しつつ、各役職や等級においてどのようなスキルが求められるのかも形式的な昇進基準として設定することが可能です。

図表 4-2　コンピテンシーを用いた役職定義の事例

等級別のコンピテンシー（期待される役割）

O	リーダー職（係長、主任）	管理職（課長）	管理職（部長）	専門職
VI			①経営トップの方針・戦略をよく理解し、また情報の収集・問題の発見を行い、機会損失の少ない所轄する部の戦略・方針・目標を策定する ②所轄する部の目標を、構成員を動機づけしながら達成する ③部長自身の個人目標を達成する ④部下の個人目標のチェック・フォロー・評価・フィードバックをする ⑤部下の人事評価を適正に行い、必要なフィードバックを行う ⑥部下の能力・特性に応じたOJTを行い、部下を育成する ⑦自分の保有する知識・スキルを積極的に部下及び関係する者に伝え、所轄する部及び会社全体の知識蓄積に貢献する	
V		①経営トップ及び上位部門の方針戦略を理解し、また情報の収集・問題の発見を行い、機会損失の少ない所轄する課の戦略・方針・目標を策定する ②所轄する課の目標を、構成員を動機付けしながら達成する ③課長自身の個人目標を達成する ④部下の個人目標のチェック・フォロー・評価・フィードバックをする ⑤部下の人事評価を適正に行い、必要なフィードバックを行う ⑥部下の能力・特性に応じたOJTを行い、部下を育成する ⑦自分の保有する知識・スキルを積極的に部下及び関係する者に伝え、所轄する課及び会社全体の知識蓄積に貢献する ⑧経営戦略・方針について必要な提言を行い、経営トップ及び上位部門長を補佐する ⑨課内の人員配置の段取りを行う ⑩課内の規律を保持し、必要な会議を主催し、活性化を図る ⑪業務を遂行するために他部門の理解や協力を得る調整を行う ⑫社内外の顧客との信頼関係を構築・維持発展させる ⑬健全な倫理観を持ち、企業人として責任ある行動を取る ⑭部下が対応できないような突発的、高度な業務を適切に対処するとともに、自身の責任の範囲内において高度な判断を下し、部下に適切に指示する ⑮課員の勤務時間・時間外労働・出張・有給休暇取得・休日出勤、安全衛生管理、部下への業務の割り当て等の労務管理を適切に行う ⑯組織マネジメントや担当分野内外の知識を積極的に勉強し、より高いレベルのマネジメント能力と専門能力を身につけるよう取り組む	⑧経営戦略・方針について必要な提言を行い、経営トップを補佐する ⑨部内の人員配置の段取りを行う ⑩部内の規律を保持し、必要な会議を主宰し、活性化を図る ⑪業務を遂行するために他部門の理解や協力を得る調整を行う ⑫社内外の顧客との信頼関係を構築・維持発展させる ⑬健全な倫理観を持ち、企業人として責任ある行動をとる ⑭部下が対応できないような突発的、高度な業務を適切に対処するとともに、自身の責任の範囲名において高度な判断を下し、部下に適切に指示する ⑮部・支店員の勤務時間・時間外労働・出張・有給休暇取得・休日出勤、安全衛生管理、部下への業務の割り当て等の労務管理を適切に行う ⑯組織マネジメントや担当分野内外の知識を積極的に勉強し、より高いレベルのマネジメント能力と専門能力を身につけるように取り組む	①経営トップまたは部門責任者の方針を受けて、情報を感度よく収集・分析し、担当分野の戦略・目標を設定する ②設定した個人目標を達成する ③所属する部門の戦略・方針及び会社全体の経営戦略・方針について専門家として必要な提言を行い、部門業績、会社業績に貢献する ④自分の保有する知識・スキルを積極的に後輩及び関係する者に伝え、所属する部門及び会社全体の知識蓄積に貢献する ⑤後輩の指導・育成を行う ⑥社内外の顧客との信頼関係を構築・維持発展させる ⑦担当分野における専門能力を高める ⑧健全な倫理観を持ち、企業人として責任ある行動をとる
IV				
III				
II	①社長方針、経営計画を理解し、部署目標達成のための実行計画を作成し、実行する ②部署目標を部署内に周知させる ③部署内の人員配置の段取りを行う ④率先垂範しリーダーシップを発揮する			
I	⑤他部署との調整を行う ⑥出席が必要な会議に出席し、他部署にも伝えるべき情報をまとめ、報告する。会議の内容を部署内に伝える ⑦部下が対応できない例外、突発的な事項の対処を行う ⑧出勤簿の管理を行う			

②賃金プロット図と賃金テーブル

　各役職や等級ごとに、給与の最低額・最高額を決定し、その間をいくつかの段階に区切り（区切りの間の金額＝昇給ピッチ、区切りの数＝号俸数）、評価結果によってどれくらい昇給するのかを表にしたものが賃金テーブルです。

　賃金テーブルがない、または、見直しをする場合は、過去の昇給の趨勢を把握するために、賃金プロット図を作ることも重要となります。

図表 4-3　賃金プロット図

賃金プロット図（サンプル：課長職）

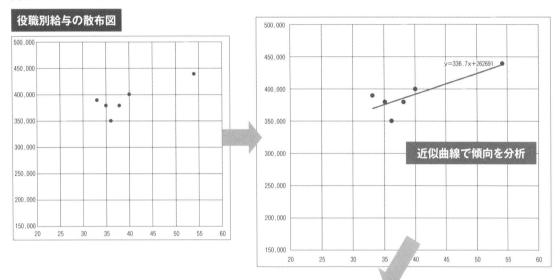

役職ごとに分析した賃金上昇カーブを考慮し、役職・等級別に理想的な賃金上昇を賃金テーブルに落とし込む

役職ごとに分析した賃金上昇カーブを考慮し、役職・等級別に理想的な賃金上昇を賃金テーブルに落とし込む

【賃金テーブルサンプル】

等級	一般社員		係長		課長		次長		部長	
昇給ピッチ幅	¥2,000		¥2,500		¥3,000		¥5,000		¥10,000	
	号俸	保証給	号俸	保証給	号俸	保証給	号俸	保証給	号俸	保証給
	1	¥220,000	1	¥250,000	1	¥350,000	1	¥450,000	1	¥600,000
	2	¥222,000	2	¥252,500	2	¥353,000	2	¥455,000	2	¥610,000
	3	¥224,000	3	¥255,000	3	¥356,000	3	¥460,000	3	¥620,000
	4	¥226,000	4	¥257,500	4	¥359,000	4	¥465,000	4	¥630,000
	5	¥228,000	5	¥260,000	5	¥362,000	5	¥470,000	5	¥640,000
	6	¥230,000	6	¥262,500	6	¥365,000	6	¥475,000	6	¥650,000
	7	¥232,000	7	¥265,000	7	¥368,000	7	¥480,000	7	¥660,000
	8	¥234,000	8	¥267,500	8	¥371,000	8	¥485,000	8	¥670,000
	9	¥236,000	9	¥270,000	9	¥374,000	9	¥490,000	9	¥680,000
	10	¥238,000	10	¥272,500	10	¥377,000	10	¥495,000	10	¥690,000
	11	¥240,000	11	¥275,000	11	¥380,000	11	¥500,000	11	¥700,000
	12	¥242,000	12	¥277,500	12	¥383,000	12	¥505,000	12	¥710,000
	13	¥244,000	13	¥280,000	13	¥386,000	13	¥510,000	13	¥720,000
	14	¥246,000	14	¥282,500	14	¥389,000	14	¥515,000	14	¥730,000
	15	¥248,000	15	¥285,000	15	¥392,000	15	¥520,000	15	¥740,000
	16	¥250,000	16	¥287,500	16	¥395,000	16	¥525,000	16	¥750,000
	17	¥252,000	17	¥290,000	17	¥398,000	17	¥530,000	17	¥760,000
	18	¥254,000	18	¥292,500	18	¥401,000	18	¥535,000	18	¥770,000
	19	¥256,000	19	¥295,000	19	¥404,000	19	¥540,000	19	¥780,000
	20	¥258,000	20	¥297,500	20	¥407,000	20	¥545,000	20	¥790,000
	21	¥260,000	21	¥300,000	21	¥410,000	21	¥550,000	21	¥800,000
			22	¥302,500	22	¥413,000	22	¥555,000	22	¥810,000
			23	¥305,000	23	¥416,000	23	¥560,000	23	¥820,000
			24	¥307,500	24	¥419,000	24	¥565,000	24	¥830,000
			25	¥310,000	25	¥422,000	25	¥570,000	25	¥840,000
					26	¥425,000	26	¥575,000	26	¥850,000
					27	¥428,000	27	¥580,000	27	¥860,000
					28	¥431,000	28	¥585,000	28	¥870,000
					29	¥434,000	29	¥590,000	29	¥880,000
					30	¥437,000	30	¥595,000	30	¥890,000
					31	¥440,000	31	¥600,000	31	¥900,000
					32	¥443,000	32	¥605,000	32	¥910,000
					33	¥446,000	33	¥610,000	33	¥920,000
					34	¥449,000	34	¥615,000	34	¥930,000
							35	¥620,000	35	¥940,000
							36	¥625,000	36	¥950,000
							37	¥630,000	37	¥960,000
							38	¥635,000	38	¥970,000
							39	¥640,000	39	¥980,000
							40	¥645,000	40	¥990,000
							41	¥650,000	41	¥1,000,000
									42	¥1,010,000
									43	¥1,020,000
									44	¥1,030,000
									45	¥1,040,000
									46	¥1,050,000
									47	¥1,060,000
									48	¥1,070,000
									49	¥1,080,000
									50	¥1,090,000
									51	¥1,100,000
									52	¥1,110,000

賃金テーブルを考える際は、すでに自社で決定されている現行の給与と整合させることも必要になります。

　そこで、現在の社員の給与が社歴や年齢とどのような相関関係になっているのかを分析します。これが静的賃金プロット図です。

　しかし、この分析だけでは賃金の時間による変化が見えません。

　そこで、過去5年程度の昇給がどのように行われてきたのかの変化の分析も行います。

　これが動的賃金プロット図です。

　この分析によって、役職ごとの昇給率が分かります。

　これらの分析をもとに、役職や社歴、年齢ごとにどのように賃金をアップさせていきたいかの理想的な賃金カーブを考えます。

　この賃金カーブをベースに、各役職での給与レンジを設定し、それを号俸ごとに段階的に昇給するようにして賃金テーブルの形にします。

人件費は会社のコストの中でも非常に大きなウェイトを占めるものです。

中小企業では、賃金のコントロールが経営を左右するといっても過言ではありません。

そして、人件費のコントロールは会社の事業計画と関連づけて行う必要があります。

会社の業績の成長ペースと人件費の上昇ペースをセットで考えることが大切です。

会社の単年度事業計画は、利益を計画すること、すなわち、「利益計画」で行います。

・目標とする利益を残すために、売上はいくら必要なのか？

・粗利額、粗利率はいくらに設定すべきか？

・人件費やその他の固定費はいくらにするのか？

こうした計画の中で、あるべき労働分配率を設定し、人件費の予算を設定します。

久野式利益計画の特徴は、金額を決定するのではなく、黄金比率である「利益率」を重視し、比率分析を中心に企画するところです。

これにより、過去からの「積上方式」から脱却し、イノベーションを図るための「逆算方式」を採用することができるようになります。

人件費予算は、以下の7つに分けて考えることができます。

❶既存社員の現状給与

❷既存社員を昇給させることによる人件費上昇額

❸新規で人材を採用することによる人件費上昇額

❹既存社員の退職による人件費減少額

❺賞与予算

❻退職金予算

❼その他（各種手当・法定福利費・福利厚生費・通勤費など）

❶、❹、❻、❼については、現状の分析（離職率や退職金発生予測）から予測的シミュレーションを行うことになります。

残りの❷、❸、❺については、事業計画が大きく関連します。

同業他社と比べて給与水準を高めていかなければ人材は定着しません。

また、事業の成長に合わせてどれだけの人員を新たに採用するのかという採用計画ともリンクさせて考えなければなりません。

そして、会社の業績に合わせてどれだけの賞与を社員に分配するのかを勘案して予算を策定します。

図表 4-5　総額賃金管理

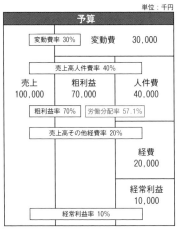

単位：千円

予算		
変動費率 30%	変動費	30,000
売上高人件費率 40%		
売上 100,000	粗利益 70,000	人件費 40,000
粗利益率 70%	労働分配率 57.1%	
売上高その他経費率 20%		
		経費 20,000
		経常利益 10,000
経常利益率 10%		

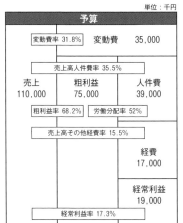

単位：千円

予算		
変動費率 31.8%	変動費	35,000
売上高人件費率 35.5%		
売上 110,000	粗利益 75,000	人件費 39,000
粗利益率 68.2%	労働分配率 52%	
売上高その他経費率 15.5%		
		経費 17,000
		経常利益 19,000
経常利益率 17.3%		

単位：千円

予算		
変動費率 31.8%	変動費	35,000
売上高人件費率 38.9%		
売上 110,000	粗利益 75,000	人件費 42,800
粗利益率 68.2%	労働分配率 57.1%	
売上高その他経費率 15.5%		
		経費 17,000
		経常利益 15,200
経常利益率 13.%		

予算			昇給・賞与経常前実績			差額	昇給・賞与決定額	最終実績		
売上	100,000	(100%)	売上	110,000	(100%)			売上	110,000	(100%)
変動費	30,000	(30%)	変動費	35,000	(31.8%)			変動費	35,000	(31.8%)
限界利益	70,000	(70%)	限界利益	75,000	(68.2%)			限界利益	75,000	(68.2%)
人件費	40,000	(40%)	人件費	39,000	(35.5%)	10,000 (△4.5%)	昇給 +500	人件費	42,800	(38.9%)
	労働分配率 (57.1%)			労働分配率 (52.0%)			昇給率 (1.3%)		労働分配率 (57.1%)	
固定費	20,000	(20%)	固定費	17,000	(15.5%)		500÷39,000	固定費	17,000	(15.5%)
経常利益	10,000	(10%)	経常利益	19,000	(17.3%)	+9,000 (+7.3%)	賞与 +3,300	経常利益	15,200	(13.8%)
							合計 3,800			
							労働分配率 (+5.1%)			

【解説】

①黄金比率を考慮して、金額だけでなく利益率を重視した予算を策定します。

これにより、「儲かる会社」の企画を行います。

②理想としたあるべき労働分配率（このケースでは、57.1%）より、賞与・昇給前の労働分配率が下回っていれば、その比率までを賞与・昇給財源に充てられることとなります。

③理想とする労働分配率まで、賞与引当金を積み、賞与確定後の労働分配率を調整します。その一方で成果が出ず、理想とする労働分配率を賞与前に上回っている場合は、賞与額を下げることが必要となります。

図表 4-6　評価シートサンプル

【評価シートサンプル】

人事評価シート（　　　　　年度　上期・下期）

被評価者	1 次評価者	2 次評価者
部署：営業部	部署：営業部	部署：営業部
役職：課長	役職：次長	役職：部長
氏名：●● ●●	氏名：●● ●●	氏名：●● ●●

【コンピテンシー】　　　　　　　　　　　全体ウェイト 30%

カテゴリー	項目	具体的行動目標	ウェイト	被評価者	一次評価者	二次評価者
課長職①	経営トップ及び上位部門の方針戦略を理解し、また情報の収集・問題の発見を行い、機会損失の少ない所轄する課の戦略・方針・目標を策定する	事業計画、方針について資料を確認し、どのような行動が部署に求められているか部長・次長とミーティングを行う。現在の課題を洗い出し、毎週会議の中で議題を提案し、改善策と併せてプレゼンする。評価 1：月 2 回ミーティング実施／評価 2：月 3 回実施／評価 3：月 4 回実施／評価 4：月 4 回実施＋改善策が採用される	25	1-2-3-4	1-2-3-4	1-2-3-4
課長職②	所轄する課の目標を、構成員を動機付けしながら達成する	所属課全体の目標の達成をするために、未達の課員に対し個別に声がけをし、問題点を洗い出す。自身に解決できることであれば解決のサポートを行う。評価 1：未達課員 20％に面談実施／評価 2：50％に面談実施／評価 3：全員に面談実施／評価 4：全員＋解決サポート実施	25	1-2-3-4	1-2-3-4	1-2-3-4
課長職③	課長自身の個人目標を達成する	自身の目標達成に加えて、部長・次長の仕事をサポートし、部門の目標が達成できるよう、部長・次長のフォローしている部分の負担を削減する。評価 1：サポート件数 1 件／評価 2：サポート件数 2 件／評価 3：サポート件数 3 件／評価 4：サポート件数 4 件以上＋改善	25	1-2-3-4	1-2-3-4	1-2-3-4
課長職④	部下の個人目標のチェック・フォロー・評価・フィードバックをする	課員同士で評価シートをレビューし、目標達成に向けてのフォローアップ会を行う。被評価者自身がその課員の上司になったつもりで、どうすれば目標達成できるかのアドバイスを行う。評価 1：3 カ月で 1 回実施／評価 2：3 カ月で 2 回実施／評価 3：3 カ月で 3 回実施／評価 4：3 カ月で 4 回以上実施	25	1-2-3-4	1-2-3-4	1-2-3-4
		コンピテンシー評価　合計				

【KGI/KPI】　　　　　　　　　　　全体ウェイト 70%

カテゴリー	項目	詳細	目標	ウェイト	被評価者	一次評価者	二次評価者
KGI	売上予算達成率	四半期の売上予算の達成率	予算の 100％以上を目標とする 評価 6　110％以上 評価 5　105％以上 評価 4　100％以上 評価 3　97％以上 評価 2　95％以上 評価 1　95％未満	40	評価 6 評価 5 評価 4 評価 3 評価 2 評価 1	評価 6 評価 5 評価 4 評価 3 評価 2 評価 1	評価 6 評価 5 評価 4 評価 3 評価 2 評価 1
KGI	粗利予算達成率	四半期の粗利予算の達成率	予算の 100％以上を目標とする 評価 6　110％以上 評価 5　105％以上 評価 4　100％以上 評価 3　97％以上 評価 2　95％以上 評価 1　95％未満	40	評価 6 評価 5 評価 4 評価 3 評価 2 評価 1	評価 6 評価 5 評価 4 評価 3 評価 2 評価 1	評価 6 評価 5 評価 4 評価 3 評価 2 評価 1
KPI	営業件数	四半期の新規営業件数	90 件／四半期 評価 6　100 件以上 評価 5　95 件以上 評価 4　90 件以上 評価 3　85 件以上 評価 2　75 件以上 評価 1　75 件未満	20	評価 6 評価 5 評価 4 評価 3 評価 2 評価 1	評価 6 評価 5 評価 4 評価 3 評価 2 評価 1	評価 6 評価 5 評価 4 評価 3 評価 2 評価 1
			KGI/KPI 評価　合計				

【評点合計】

合計点		

【被評価者所見】　　　【一次評価者所見】　　　【二次評価者所見】

【被評価者所見】	【一次評価者所見】	【二次評価者所見】

久野式評価システムでの評価は、成長のための「コンピテンシー」と成果のための「KGI/KPI」の2つで行います。

各役職に応じた理想となる行動を定義したものをコンピテンシーと呼びます。

評価制度においては、社員の今のポジションから次の役職に昇進するために必要な行動をコンピテンシー目標として設定します。

これは、①の役職定義から導き出されることになります。

そして、事業計画から落とし込まれたドリームチーム単位でのKGI/KPIをベースに、個人の評価における達成目標を個人のKGI/KPIとして設定します。

これが、個人の評価シートに組み込まれます。

ここでは、完全にチーム・組織の目標を個人単位にブレークダウンして目標設定するのではなく、チーム・組織の目標の達成を個人としての目標にもさせるということがポイントです。

久野式評価システムでは、成果は、個人ではなく組織・チームから出すことが効率的と考えています。評価システムの導入で個人主義に陥ることを避ける必要があります。

協力関係、相互扶助の文化形成のためには、自分さえできていれば評価されるというものではなく、チームや組織の目標達成を考えて社員が行動するようにすることを「仕組化」することが大切です。

ただし、最終的には個人の貢献を「査定」する必要があります。

昇進、昇給、賞与は、究極的には、個人に対してなされるものだからです。

組織と個人を橋渡しして、協力関係を作る仕組みが、「五人組制度」になります。

ここまで、久野式評価システムの考え方や成長・成果を上げる仕組みを「設計」として考えてきました。

次に、これを具体的にどのように「運用」していくかを考えます。

ドリームチーム（五人組制度）のキャプテンによる評価面談は、社員への「フィードバック」・「教育」としての機能があります。

「何ができなかったのか」ではなく、「どうすればできるのか」というアプローチで上司は、部下に対して面談することが重要です。

成果とリンクさせる評価制度では、定期的にKGI/KPIの見直しが必要となります。従って、評価期間を四半期とし、四半期毎に必要に応じて、KGI/KPIの修正が必要となります。

上司は、部下に対して、面談するときは「ビジネス・コーチング」をする必要があり、コーチングスキルは身に着けるべき重要なスキルとなります。

面談は、主に次の3つからなります。

❶目標設定面談

評価の項目や目標設定は、あくまで自部門ドリームチームのKGI/KPIが達成されるために必要なものとして行います。

これとは別にコンピテンシーとしていわゆる心の成長や経営理念への共感を測る項目を部下（被評価者）自身が目標設定をします。

コンピテンシーは、主に昇進基準となります。

コンピテンシーとKGI/KPIの割合は、会社ごと、部門ごとに変えても構いません。

更にこの目標が組織や被評価者にとって妥当なものかを上司（評価者）が目標設定面談においてフィードバックをします。

もちろん評価者によっていわゆる甘辛が出てきてしまいますが、評価者のレベル向上も期待される効果です。

❷中間面談

四半期のはじめに目標設定を行い、終わりにその結果を見ただけでは、多くの場合、最終的な良い結果の変化は望めません。

そのため、中間時点において部下の結果を基に上司からのフィードバックを受けます。

週に1回「進捗会議」によってKGI/KPIの達成度は確認しますが、ここでの面談はグループではなく、個人別に行うため、部下の内面の心の状態にも上司はフォーカスする必要があり

ます。

❸最終面談

　四半期の総括を行います。

　決めた目標が実現されたのか、仮に実現されていないとすればどのようにすれば実現された
のかを社員へのフィードバックとして行います。

　フィードバックに際しては、上司は部下との「伴走者」である立場を忘れてはいけません。
特に、実績が未達に終わった場合、第1の責任は部下ではなく、上司になるのです。これを上
司が忘れれば、上司・部下との「信頼関係」は構築できず、成果も望めないのです。

❹昇給・賞与決定会議

　四半期の評価サイクル2回が終わったあとに、最終的な「査定」を行います。

　つまり査定は半年ごとに年2回実施するということになります。

　査定は、昇給・賞与決定会議を経営メンバー中心に開催し、最終的に誰をいくら昇給させる
のか、また賞与は誰にいくら支給するのか、そして期末では誰を昇進させるのかを検討します。

　昇給決定会議では、評価期間における会社全体の業績も加味したうえで、予算達成度に応じ
て昇給額を決定します。

　ただし、絶対評価のみで昇給を決定すると、中小企業の場合、利益調整機能を失います。

　あくまで、客観的評価制度を導入することが重要とはいえ、社長の「経験と勘」による調整
機能を残すことが、中小企業には重要です。

　社長が長年経験してきた「暗黙知」を全て「形式知」に変えることは不可能なのです。

　なお、予算達成状況と評価結果がリンクしていないことも起きます。

　これには、2つの問題が考えられます。

　第1は、設定した戦略やKGI/KPIの中身の問題です。

　一言で言えば、経営者の戦略の甘さです。

　第2は、評価者の下した評価が甘い・辛いという上司（評価者）の問題です。

　昇給・賞与決定会議では、上記も検討したうえで、戦略修正や評価者へのフィードバック（＝
評価者教育）を行うようにします。

エピローグ

－経営は永遠のループ－
経営者が成長しない限り次のステージにはいけない

企業には４つのステージがあると思っています。

第１のステージは、ゼロから１を作る時代
無から有を作る「起業家」になる時代です。

これは、個人で起業して事業が軌道に乗るまでのステージです。
ここで成功するためには、他社とは異なる「技」（知識・技術・経験）が必要となります。
ここで成功すると、「個人事業主」になれます。

第２のステージは、１から10を作る時代
組織化により中小企業のオーナーになる時代です。
これは、「組織化」をするステージです。

ここで成功するためには、社員と共有できる目標が必要となります。
「技」の延長線上で社員を魅了し続けることはできません。
社員と共有できる共通の夢が必要となります。
組織化に成功すると、「中小企業」のオーナーになれます。

第３のステージは、10から100を作る時代
標準化により大企業を作る時代です。
これは、「標準化」をするステージです。

知識・技術・経験のある社員のノウハウに頼ることなく、組織にノウハウが蓄積されます。
社員の採用は、中途採用ではなく、新卒採用が中心になります。
標準化に成功すると「大企業」が作れます。

第４のステージは、100から∞を作る時代
継続的イノベーションで永続企業を作る時代です。
これは、継続的「イノベーション」をするステージです。

過去の成功体験にしがみつくことなく、それを否定する必要があります。
組織の中には、企業家精神を持つ人が必要になります。
これに成功すると、「永続企業」になります。
ここで問題になるのは、経営者が大きく成長・進化しない限り次のステージには行けないこ

とです。

　ここでの成長・進化の方向性は、今までの延長線上にはなく、「無知の知」に気づくレベルでの価値転換が要求されます。

　第1のステージで成功するためには、他社とは異なるアイデア・戦略、それを支える知識・技術・経験が必要となります。

　ここで成功した人は、成功には、「技」（知識・技術・経験）が必要と感じます。

　経営者は、成功には、技を極めることが重要と思います。

　社員に技を極めた経営者と同じスキルを要求しても簡単には追いつけません。

　また、経営者が技を極めすぎると「アーティスト」になり、誰にも引き継げなくなります。

　ピカソの絵は、ピカソにしか書けないように、技を極めすぎた経営者は、そのサービスを本人以外ができなくなるのです。

　アシスタントは雇えても、組織を引き継ぐことはできないのです。

　第2ステージに行くためには、「技」である知識・技術・経験が一般社員にも引き継げるものでなければいけません。

　第1ステージの成功で、必要だったものを根本的に否定しなければいけない可能性があります。

　さらに、社員と共有できる社会的目標が必要になります。

　第1ステージでは、「成功したい」、「金持ちになりたい」、「有名になりたい」、「モテたい」といった心のレベルでも、技さえあれば成功します。

　しかし、第2ステージで組織化するためには、個人の夢だけでは会社をまとめることはできません。

　経営者が金持ちになりたいと思っても、それを支えたいと思う社員はいないのです。

　第2ステージに行くためには、個人の夢から社会的な「志」が必要になるのです。

　つまり、技から心への転換が必要になります。

　この進化は経営者の「価値観の転換」を要求するもので、大きな気づきが必要となります。

　第3ステージに行くためには、再び、心から技への転換が必要となります。

　第2ステージに行くことができた経営者は、「利他の心」に気づき、お金のためではなく、社会のために働く大切さに気づきます。この気づきは、いわば「開眼」、「悟り」のレベルであり、これを社員に説くようになります。

　実際に私自身、約20年間ここのステージの罠にはまり、ループしていました。

　性善説を前提に「徳」による統治（徳治主義）をしようとします。

　つまり、性悪説が前提となるようなルール化（法治主義）を嫌う傾向が生じます。

最低限のルールで企業統治をしようとすると、組織は「少数精鋭」が理想と感じるようになります。

このため、ルールがなく標準化も進まないため、採用は中途社員が前提となります。

そもそも、大会社になる必要はないと経営者は感じているので、結果として成熟期を迎え、売上は長期に亘って伸び悩みます。

多くの中小企業は、このステージでループし続けるのです。

第3ステージに行くためには、そもそも大企業になる目標を持ち続けることが重要です。

これは、「少数精鋭」からの決別を意味します。

標準化を進める過程では、一時的な品質低下を招くことがありますが、長期的成長のためには、一時的な痛みを受け入れる必要があります。

標準化とは、個人ノウハウを組織ノウハウに変えることです。

しかし、一般の社員は、自分自身のノウハウを高めることには関心があっても、自分のスキルにつながらないことには、関心を持ちません。

さらに、知識・技術・経験のある社員は、自分のスキルを組織に吐き出すことで相対的に自分自身の存在価値が低くなることに気づきます。

標準化とは、有能な社員にとって自分の存在意義をなくす恐れがあるものなのです。

これができるためには、有能な幹部社員が、自分ではなく会社を中心に考えられる人でなければならないのです。つまり、第2ステージの「利他の心」が幹部社員に浸透していない限り、第3ステージには進めません。

第3ステージに進むためには、経営者だけでなく、幹部社員の「心」の成長があって初めて組織にノウハウが蓄積するようになります。

第3ステージに到達した企業は、「大企業」となります。

また、第1ステージでの差別化に大きく成功した企業が第3ステージに到達すると、参入障壁が高く、成長期が長くなります。

そのため周りからは、誰もが認めるブランドのある一流企業になります。

標準化により分業が進み、与えられた業務を効率的にこなす人が評価されます。

給与水準も高く企業は安定しているため、採用市場でも人気のある会社になります。

従って高学歴の社員が集まるようになります。

そして、組織は「官僚化」していくのです。
官僚化は、前例のないものを嫌う傾向があります。
そして、企業家精神を失っていくのです。

第4ステージに行くためには、過去・現在の成功体験を否定する必要があります。
全ての企業は、破滅に向かって成長していることを知る必要があります。

どんなに成功している企業でも継続的イノベーションがない限り、必ず衰退期に入るのです。
大企業で継続的イノベーションを起こすためには、トップがまずイノベーターである必要があります。

多くのサラリーマン経営者は、失敗を嫌います。
イノベーションの取り組みは、十中八九は失敗します。
失敗を恐れる経営者にイノベーションは起こせないのです。

しかし、まれにイノベーターが大企業の経営者になることがあります。
そして、連続的イノベーションを起こすことを「企業文化」のレベルに引き上げることができた時、その企業は、「永続企業」となります。

しかし、経営はここでゴールを迎えません。
イノベーターとなった経営者は、第1ステージに戻るのです。
イノベーションを起こした新しい事業もまた、やがては衰退します。

経営とは、この永遠のループの中にあるのです。

経営者が、どこかで慢心した時に、この輪廻転生から外れ、「空」に還るのです。

東京コンサルティンググループ　代表
公認会計士　税理士　久野康成

国際ビジネス・海外赴任で成功するための 賢者からの三つの教え

久野康成 著

発 行：TCG 出版
体 裁：四六判 並製 482 ページ
定 価：3,960 円（本体 3,600 円＋税 10%）
ISBN：978-4-88338-678-9

オフィスの生産性革命！電子認証ペーパーレス入門

久野康成 監修

横山公一 著

発 行：TCG 出版
体 裁：四六判 並製 238 ページ
定 価：1,650 円（本体 1,500 円＋税 10%）
ISBN：978-4-88338-648-2

仕事をゲーム化すると、なぜ成果が上がるのか？

久野康成 著

高橋俊明 著

発 行：TCG 出版
体 裁：四六判 並製 270 ページ
定 価：1,650 円（本体 1,500 円＋税 10%）
ISBN：978-4-88338-665-9

新興国ビジネス業界地図

公認会計士 久野康成 監修

久野康成公認会計士事務所 著

株式会社東京コンサルティングファーム 著

株式会社久野国際経済研究所 著

発 行：TCG 出版
体 裁：B5 判 並製 232 ページ
定 価：1,925 円（本体 1,750 円＋税 10%）
ISBN：978-4-88338-580-5

新卒から海外で働こう！ グローバル・リーダーを目指して

久野康成 著

発 行：TCG 出版
体 裁：四六判 並製 376 ページ
定 価：1,320 円（本体 1,200 円＋税 10%）
ISBN：978-4-88338-542-3

できる若者は3年で辞める！

久野康成 著

発 行：出版文化社
体 裁：四六判　並製　272ページ
定 価：1,650円（本体1,500円＋税　10%）
ISBN：978-4-88338-360-3

もし、かけだしカウンセラーが経営コンサルタントになったら

久野康成 著
井上ゆかり 著

発 行：出版文化社
体 裁：四六判　並製　282ページ
定 価：1,572円（本体1,429円＋税10%）
ISBN：978-4-88338-443-3

あなたの会社を永続させる方法

久野康成 著

発 行：あさ出版
体 裁：四六判　並製　221ページ
定 価：1,650円（本体1,500円＋税　10%）
ISBN：978-4-86063-236-6

バングラデシュ・パキスタン・スリランカの
投資・会 社法・会計税務・労務

公認会計士 久野康成 監修
久野康成公認会計士事務所 著
株式会社東京コンサルティングファーム 著
KS International 著

発 行：TCG出版
体 裁：A5判　並製　636ページ
定 価：7,150円（本体6,500円＋税10%）
ISBN：978-4-88338-457-0

ミャンマー・カンボジア・ラオスの
投資・会社法・会計税務・労務

公認会計士 久野康成 監修
久野康成公認会計士事務所 著
株式会社東京コンサルティングファーム 著
KS International 著

発 行：TCG出版
体 裁：A5判　並製　610ページ
定 価：7,150円（本体6,500円＋税10%）
ISBN：978-4-88338-460-0

ブラジルの投資・M&A・会社法・会計税務・労務

公認会計士 久野康成 監修
久野康成公認会計士事務所 著
株式会社東京コンサルティングファーム 著
KS International 著

発 行：TCG 出版
体 裁：A5 判　並製　404 ページ
定 価：3,740 円（本体 3,400 円＋税 10%）
ISBN：978-4-88338-462-4

ロシア・モンゴルの投資・M&A・会社法・会計税務・労務

公認会計士 久野康成 監修
久野康成公認会計士事務所 著
株式会社東京コンサルティングファーム 著

発 行：TCG 出版
体 裁：A5 判　並製　528 ページ
定 価：4,950 円（本体 4,500 円＋税 10%）
ISBN：978-4-88338-533-1

シンガポール・香港　地域統括会社の設立と活用

公認会計士 久野康成 監修
久野康成公認会計士事務所 著
株式会社東京コンサルティングファーム 著

発 行：TCG 出版
体 裁：A5 判　並製　472 ページ
定 価：4,950 円（本体 4,500 円＋税 10%）
ISBN：978-4-88338-535-5

インドネシアの投資・M&A・会社法・会計税務・労務

公認会計士 久野康成 監修
久野康成公認会計士事務所 著
株式会社東京コンサルティングファーム 著

発 行：TCG 出版
体 裁：A5 判　並製　464 ページ
定 価：3,960 円（本体 3,600 円＋税 10%）
ISBN：978-4-88338-531-7

トルコ・ドバイ・アブダビの投資・M&A・会社法・会計税務・労務

公認会計士 久野康成 監修
久野康成公認会計士事務所 著
株式会社東京コンサルティングファーム 著

発 行：TCG 出版
体 裁：A5 判　並製　488 ページ
定 価：4,950 円（本体 4,500 円＋税 10%）
ISBN：978-4-88338-534-8

クロスボーダー M&A
新興国における投資動向・法律・外資規制

公認会計士 久野康成 監修
GGI 国際弁護士法人 監修
久野康成公認会計士事務所 著
株式会社東京コンサルティングファーム 著

発 行：TCG 出版
体 裁：A5 判　並製　616 ページ
定 価：4,950 円（本体 4,500 円 + 税 10%）
ISBN：978-4-88338-569-0

メキシコの投資・M&A・会社法・会計税務・労務

公認会計士 久野康成 監修
GGI 国際弁護士法人 監修
久野康成公認会計士事務所 著
株式会社東京コンサルティングファーム 著

発 行：TCG 出版
体 裁：A5 判　並製　424 ページ
定 価：3,960 円（本体 3,600 円 + 税 10%）
ISBN：978-4-88338-568-3

中国の投資・M&A・会社法・会計税務・労務

久野康成／ TCG 国際弁護士法人 監修
呼和塔拉 監修
久野康成公認会計士事務所 著
株式会社東京コンサルティングファーム 著

発 行：TCG 出版
体 裁：A5 判　並製　680 ページ
定 価：5,830 円（本体 5,300 円 + 税 10%）
ISBN：978-4-88338-567-6

フィリピンの投資・M&A・会社法・会計税務・労務【第二版】

公認会計士 久野康成 監修
久野康成公認会計士事務所 著
株式会社東京コンサルティングファーム 著

発 行：TCG 出版
体 裁：A5 判　並製　490 ページ
定 価：3,960 円（本体 3,600 円 + 税 10%）
ISBN：978-4-88338-625-3

タイの投資・M&A・会社法・会計税務・労務【第二版】

公認会計士 久野康成 監修
久野康成公認会計士事務所 著
株式会社東京コンサルティングファーム 著

発 行：TCG 出版
体 裁：A5 判　並製　440 ページ
定 価：3,960 円（本体 3,600 円 + 税 10%）
ISBN：978-4-88338-631-4

インドの投資・M&A・会社法・会計税務・労務【全訂版】

公認会計士 久野康成 監修
久野康成公認会計士事務所 著
株式会社東京コンサルティングファーム 著

発 行：TCG 出版
体 裁：A5 判　上製　660 ページ
定 価：8,250 円（本体 7,500 円 + 税 10%）
ISBN：978-4-88338-657-4

マレーシアの投資・M&A・会社法・会計税務・労務

公認会計士 久野康成 監修
久野康成公認会計士事務所 著
株式会社東京コンサルティングファーム 著

発 行：TCG 出版
体 裁：A5 判　並製　344 ページ
定 価：3,960 円（本体 3,600 円 + 税 10%）
ISBN：978-4-88338-586-7

ベトナムの投資・M&A・会社法・会計税務・労務【改訂版】

公認会計士 久野康成 監修
久野康成公認会計士事務所 著
株式会社東京コンサルティングファーム 著

発 行：TCG 出版
体 裁：A5 判　並製　440 ページ
定価：3,960 円（本体 3,600 円 + 税 10%）
ISBN：978-4-88338-690-1

カンボジア・ラオスの
投資・M&A・会社法・会計税務・労務

公認会計士 久野康成 監修
久野康成公認会計士事務所 著
株式会社東京コンサルティングファーム 著

発 行：TCG 出版
体 裁：A5 判　並製　400 ページ
定 価：3,960 円（本体 3,600 円 + 税 10%）
ISBN：978-4-88338-680-2

久野康成（くのやすなり）

久野康成公認会計士事務所　所長
株式会社東京コンサルティングファーム　代表取締役会長
東京税理士法人　統括代表社員
公認会計士　税理士

　1965年生まれ。愛知県出身。1989年滋賀大学経済学部卒業。1990年青山監査法人　プライスウオーターハウス（現：PwCあらた有限責任監査法人）入所。監査部門、中堅企業経営支援部門にて、主に株式公開コンサルティング業務にかかわる。

　クライアントの真のニーズは「成長をサポートすること」であるという思いから監査法人での事業の限界を感じ、1998年久野康成公認会計士事務所を設立。

　営業コンサルティング、IPOコンサルティングを主に行う。現在、東京、横浜、名古屋、大阪、インド、中国、香港、タイ、インドネシア、ベトナム、メキシコほか世界27カ国にて経営コンサルティング、人事評価制度設計及び運用サポート、海外子会社設立支援、内部監査支援、連結決算早期化支援、M&Aコンサルティング、研修コンサルティング、経理スタッフ派遣・紹介など幅広い業務を展開。グループ総社員数約400名。

　著書に『国際ビジネス・海外赴任で成功するための賢者からの三つの教え──今始まる、あなたのヒーローズ・ジャーニー』『できる若者は3年で辞める！　伸びる会社はできる人よりネクストリーダーを育てる』『もし、かけだしカウンセラーが経営コンサルタントになったら』『あなたの会社を永続させる方法』『海外直接投資の実務シリーズ』ほか多数。

「大きな会社」ではなく「強い会社」を作る
中小企業のための戦略策定ノート

2022年10月16日　初版第1刷発行

著　者　久野 康成
発行所　TCG出版
発行人　久野 康成

発売所　株式会社出版文化社

〈東京カンパニー〉
〒104-0033 東京都中央区新川 1-8-8　アクロス新川ビル 4 階
TEL：03-6822-9200　FAX：03-6822-9202

[埼玉オフィス]　〒363-0001　埼玉県桶川市加納 1764-5

〈大阪カンパニー〉
〒541-0056 大阪府大阪市中央区久太郎町 3-4-30　船場グランドビル 8 階
TEL：06-4704-4700（代）　FAX：06-4704-4707

〈名古屋カンパニー〉
〒456-0016 愛知県名古屋市熱田区五本松町 7-30　熱田メディアウイング 3 階
TEL：052-990-9090（代）　FAX：052-683-8880

印刷・製本　株式会社シナノパブリッシングプレス

©Yasunari Kuno 2022　Printed in Japan
Directed by Kazuma Mori